高情商
「婚姻课」

如何30天改变你的丈夫

辛慧颖 著

扫码点目录听本书

四川人民出版社

图书在版编目(CIP)数据

如何30天改变你的丈夫 / 辛慧颖著. —成都：四川人民出版社，2019.10
ISBN 978-7-220-11603-2

Ⅰ. ①如… Ⅱ. ①辛… Ⅲ. ①婚姻-社会心理学-通俗读物 Ⅳ. ①C913.13-49

中国版本图书馆CIP数据核字(2019)第191159号

RUHE 30 TIAN GAIBIAN NIDE ZHANGFU
如何30天改变你的丈夫
辛慧颖/著

出版人	黄立新
策划组稿	杨建峰
责任编辑	王卓熙　段瑞清
技术设计	松　雪
封面设计	门乃婷工作室
责任印制	李　剑
出版发行	四川人民出版社(成都市槐树街2号)
网　址	http://www.scpph.com
E-mail	scrmcbs@sina.com
新浪微博	@四川人民出版社
微信公众号	四川人民出版社
发行部业务电话	(028)86259624 86259454
防盗版举报电话	(028)86259624
印　刷	河北鹏润印刷有限公司
成品尺寸	143mm×208mm
印　张	7
字　数	148千
版　次	2019年10月第1版
印　次	2019年10月第1次
书　号	ISBN 978-7-220-11603-2
定　价	36.00元

Preface 前言

恋爱中的女人周身散发着浪漫与温情、包容与理解，此时眼中的男人优点光芒万丈，而缺点则不见踪影。两个人走进婚姻后，随着时光的流逝，生活琐事不断消磨着激情，爱逐渐消散于风中，丈夫自带的光环日渐暗淡，缺点一一浮现。

这时的女人已从滤镜中逐渐脱离出来，越来越清醒地发现，丈夫的本来面目和原有认知大相径庭，完全无法达到自己的要求，但又深感于彼此间伉俪情深，希望相守到白头。那么唯一能做的便是改造对方，将他全面打造成自己心中的完美丈夫。然而，一旦播下这颗改造爱人的种子，就会面临因方法不当而引发的新的矛盾和纷争。

因为每个男人的秉性很难轻易改变，且又天生抵触别人、特别是最亲密的爱人对他质疑和试图加以改变的行为。女人一定要了解男人的这种心态，不要以爱为名，对丈夫实施强硬的、一厢情愿的改造计划，否则那些出于善意的初心不仅会引发男人的逆反心理，还会遭到丈夫无情地践踏，甚至变本加厉地予以反击，这样适得其反的局面是谁都不愿看到的结果。

但男人对妻子这个“改造达人”也不是全盘拒绝，只要能够让他体会到女人对他的包容和理解，并由自己主导改变，他就会与女人的频率逐渐趋同。因此，改变丈夫的前提是要改变女人自己的心和方法，这样的改变源于日常生活的点滴之间，一句温柔似水的情话、一个心领神会的微笑、一声善解人意的回应、一次矛盾争执的让步、一个“冷战”过后的拥抱、一碗美味养生的汤羹……都会在潜移默化中提升婚姻的质量，使丈夫在感动之余心生感激，从而对你投桃报李。

本书献给即将步入婚姻的女人，希望你的婚姻如梦想般照进现实；也献给在婚姻中苦苦挣扎、濒临绝望的女人，希望能够帮助你走出阴霾，摆脱困境；同时还要献给那些想与丈夫沟通却不得其法的女人，希望你能够了解到与男人和谐相处的真谛。不管你对另一半有何诉求，通过细品慢读都可以从书中有所收获和体悟，用全新的思维方式将自己的丈夫打造得更加优秀。

目录 Contents

扫码点目录听本书

维护关系，同声自然相应 057

用心打磨，培养出好丈夫 095

爱与尊重，愿君心似我心 | 133

床笫之间，永续炽热情爱 | 175

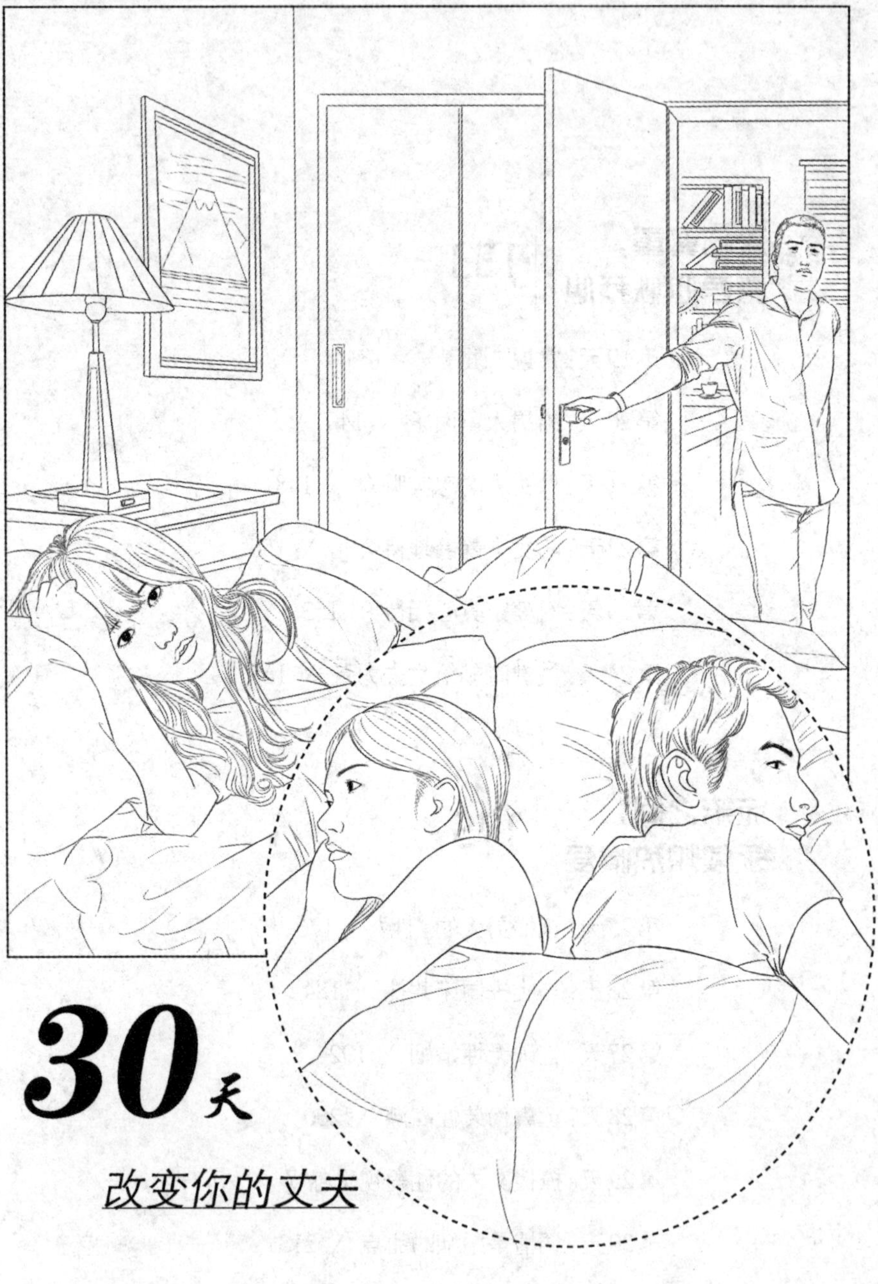

30天

改变你的丈夫

改变丈夫，婚姻幸福密码

扫码点目录听本书

扫码点目录听本书

30 天的承诺

弗洛姆在《爱的艺术》中说："现代人总以为爱是对象问题，而不是能力问题。"对此，我深信不疑。现实生活中的很多人都认为爱情是"对象问题"，而不取决于自己。他们认为，等我遇到了理想的人，就能拥有美好的爱情了。作者为此做了一个很有趣的类比：一个没有爱的能力的人认为，只要遇到最合适的对象就能拥有最美的爱情，就好像一个不会画画的人认为，只要他看到最美的风景，就能够画出最美的画。这显然是毫无道理的。

每个人在坠入爱河的时候，都会由于激情只看见最美好的一面，随着激情消失，许多问题也会随之暴露出来。持久的爱依赖于一个人对世界和对他人持续的善意与关怀，爱情如此，婚姻亦然。

在生活中，我们经常会见到一些原本亲密无间、海誓山盟的夫妻，随着时间的流逝，将曾经的誓言轻易地抛之脑后，他们不仅失去了爱的热情，还失去了爱的能力。殊不知，婚姻是一项世界上最无法称斤论两、最讲究你情我愿的交易。一场以爱情为赌注的契约，当初一字一句是诺言，婚后一步一坑是"陷阱"。爱情可以消弭，爱的能力却不可丧失，爱的承诺更不可不守。爱的能力正是当今一代人正在逐渐丧失的宝贵能力。

曾有一部被誉为韩国年度最佳的短片爆红于网络，虽然只有短短的四分多钟，且其情节既不跌宕起伏，也不抓人眼球，只是一个娓娓道来的小故事，但很多人看过以后却潸然泪下，仿佛从中找到了那个生活中最真实的自己。

“我们的恋爱和新婚，像所有的情侣一样非常幸福。我们以为我们会这样一直幸福下去，觉得我们会很特别。但是不知道从什么时候起，我们变成了现在的样子，我们习惯了彼此的存在，我们不想再去表达对彼此的爱。”短片的开头，是男主和女主这样的一段自述。

他们原本是一对恩爱夫妻，但婚后的琐碎生活慢慢消磨了激情，损耗了爱情，宛若习惯空气一般习惯彼此后，便不再，也不想去表达爱，甚至连每年的结婚纪念日庆祝活动，也仅仅被当成了一种食之无味、弃之可惜的“鸡肋”仪式。丈夫买一个新包，若无其事地递给妻子；妻子道一声谢谢，面无表情地接过礼物。这样的场景就像在交代一件必须要完成的任务，买的时候没有感情的融入，收的时候也没有喜悦的心情。一切都成为习惯，不再有心动的感觉。寻思良久，丈夫觉得两个人的婚姻如一潭死水，如果再继续走下去对彼此都是一种折磨，于是提出了离婚……

妻子想了一夜后，同意了离婚，不过她希望丈夫能够答应她最后一件事：在接下来的一个月，按照她要求的去做，30天过后，她就离开。丈夫虽然心不甘情不愿，但想到30天以后，这令人乏味的一切都将烟消云散，便勉强答应了妻子的请求。

在剩下的这30天倒计时里，妻子每天要求丈夫反复做着一些平凡的小事：上班前抱一抱她，平时牵一牵她的手，睡前说一句“我爱你”，醒来吻一吻她……

因为两个人太久没有过爱的互动，最初丈夫心里是抵触的，动作是敷衍的，表情是尴尬的，脸上写满了不情不愿：用三个指头碰下掌心就缩回、叹着气挤出一句“我爱你”、勉强碰到嘴唇就转过身……

如此重复到第15天的时候，丈夫开始自然而然地接受了这一切，当妻子伸出右手时，他可以很自然地伸出左手，紧握在一起，灯光下拥抱她，起床时亲吻她，两个人仿佛回到了热恋和蜜月期。短片的色彩也从开篇的晦暗压抑变得鲜艳明朗。

重回幸福的日子转瞬即逝，30天的期限很快到来，丈夫突然意识到，那段时间他所忽略掉的她对他的爱和关心，又再一次被深切地感受到了。一直以来，是自己把这一切想得太理所当然了。

当同事向男人请教该如何求婚时，他才恍然间回忆起自己当初单膝跪地向妻子求婚时许下的承诺：每天都牵她的手、每天都抱她、每天都吻她、每天都说“我爱你”……

男人终于醒悟过来，原来让这段婚姻深陷冰冷的人是他，是他没有遵守当初的承诺，是他忘记了自己许下的誓言，是他忽略了对妻子的爱与陪伴。他冒着倾盆大雨往家跑，心中在呼喊“我不想让她走！”往日一幕幕爱的情景在雨中清晰地闪现……

谁知，回到家却已人去屋空，留下的唯有一张张关于生活细节的便笺，“不要忘了把衬衫挂在衣架上”“领带别针在左侧抽屉”“你笑的样子最好看”“睡之前一定记着刷牙”……便笺中简短的提示，才是婚姻中最真实、最“接地气”、最有烟火气的生活。

丈夫疯狂地冲出屋子，要把妻子找回来，他一路狂奔，不远处的急刹车声划破了雨夜，让他停住了脚步，大雨中，他惊恐万分地发现自己送给妻子的新包躺在马路中间——她被车撞倒在地。那一刻真的害怕这个故事落入俗套的狗血虐心结局，幸好，只是一个小事故。妻子坐在地上，看到丈夫忍不住泪如泉涌。意外总是感情的试金石，终于，在经历了为期30天的承诺兑现期后，他们心中那份被遗忘和深埋已久的爱，被重新找回和点燃，两个人在雨中紧紧地拥抱在一起，再也不想分开……

面对这劫后余生却又皆大欢喜的结局，我们深切感受到，哪里是不爱了，分明是自己不愿意去爱。自以为是地将曾经的爱人关在自己的心门之外，又怎么能怪两颗心咫尺却天涯呢？

当热情如火的爱情在柴米油盐的现实中慢慢归于平淡，甚至是无趣，从前那颗狂热的心被熄灭的情所替代，难免会觉得怅然若失，然而我们却忽略了一个不争的事实，平淡如水的生活才是人生常态。

而能为平淡添滋加味的只有两个人的交流和互动，只要愿意用心交流与沟通，就会发现，原来对方一直在彼此心里，只是被平淡遮住了昔日的光彩。30天的时间，能让一段濒临结束的婚姻重新注入一丝暖意，让两个人重新认识并找回被自己忽略和丢失的感情。

怎样让丈夫发生喜人的变化

与所爱的人长期相处的秘诀，就是放弃强硬改变对方的念头。这样的人生真谛说起来轻松，做起来却着实不易。如果想要得偿所愿，必然会经过一场堪称“历劫”的艰难旅程。

男人从骨子里极为抵触妻子像“改造达人”一样改造自己，而妻子对待丈夫偏偏就像看待一件不完美的“半成品”，只有经过她的一手淬炼才能成钢。正是这样你进我退，你追我躲的失衡状态，导致了男人一旦听到女人对自己的改造建议和意见时，心中就会拉起警戒线，对“入侵者”即刻拒绝或敷衍了事。女人一而再，再而三地遭受到这样的冷遇和打击，便会认定：“他根本不在乎我，既不尊重我的感受，也不理解我的需要。”渐渐地，女人对男人丧失了信心，觉得男人不相信和不支持自己，进而便不再信任他。

陷入这样的僵局，女人一定要提醒自己，任何时候都不要以爱的名义去改造男人，否则只会让你大失所望。因为，男人没有开口，你就贸然行事，这对于男人来说是一种侮辱。他会认为，你的所作所为伤害了他作为男性的尊严，质疑了他的能力。男人最反感的事情就是被别人控制，这会让他感到束缚，甚至是窒息，失去了自由呼吸和生活的权利，自然会对女人出于好心而制订的改造计划拒之千里以外。

01 热衷改造的缘起

女人在亲密关系中，之所以总想着全心全意改造对方，源于从小到大由来已久的情感诉求，那些童年未完成的愿望、未痊愈的伤痕、因父母关系不和谐而给自己带来的对亲密关系的恐惧和压抑等。这些复杂的情感交汇在一处，就会让女人在全身心投入一段感情后，将心中的所想所愿全部寄托到爱人身上。

对于她来说，她所选中的这个人是她想象中“完美男人”的胚子，能够满足自己种种要求和期盼，是她安置儿时梦想和现实追求的安全之地。只是这一切都是在女人无意识状态下静默进行的，女人自己都没有意识到，她的所有要求只是她心中投射的一幅自作主张的画像而已，回归到现实后，男人自然无法满足她的期待，进而在心中形成极大的落差。

当两个人度过了如蜜里调油般的热恋期，激情退却之后，女人会从滤镜中逐渐脱离出来，越来越清醒地发现，曾经眼中具有完美特质的男人，与她心中的那幅画像相差甚远，完全无法达到自己的要求。要将爱情进行到底，唯一能做的就是改造对方，将他全面打造成自己心中热烈期盼之人。一旦播下这颗改造爱人的希望种子，对方便在劫难逃，一场拉锯战就此拉开了序幕。

从表面看来，女人想要改造男人是希望他变得更好。除此之外，其间还蕴藏着可能连女人自己都不曾意识到的更深层愿景：改造男人之路，其实也是自己治愈伤痕、满足诉求之路。

正因为热衷于改造丈夫源于自己的内心，才会让女人对丈夫殚精竭虑，费尽心机，不希望对方打破自己小心呵护的完美画面。但现实却是残酷的，人无完人，一次次不得其法的失败改造，不仅会划下一道道感情伤痕，而且让彼此的关系日益恶化。改造丈夫的前提，要先改变自己的心和方法。

02 凡事都要循序渐进

调查显示，很多男女在走入婚姻后后悔的原因是：婚前男人认为女人永远不会改变，而女人却认为男人一定会为自己改变，但结果却恰恰相反，所以双方叫苦不迭。

女人总是自认为比男人懂事，自己可以帮助“不完美”的丈夫进步，经常会把“听我的有什么不好，我还能害你吗？”这类苦口婆心、语重心长的教导之言挂在嘴边，一派教导主任管教学生的作风。

而男人只有在体察到爱人的包容、谅解和接纳时，在真的需要帮助与支持时，才会对妻子的“雪中送炭”心怀感激。而对于那种强势出击地硬性改造却难以容忍，即使男人真的做错了，他也不喜欢女人的大肆批评和不停唠叨，这会让他感觉陷入到无形的大网之中，被人掌控而无力自拔，同时还要忍受女人的不解和嫌弃，所有这些都是男人的大忌。

林嘉曾经一直为老公吸烟喝酒无度而心烦意乱，他们结婚两年，为了能生一个健康的宝宝，她从开始备孕起就要求老公戒烟戒酒，但老公满口答应，却不见成效。每次林嘉提到这件事，老公都说自己已经尽力了，就是不能一下子戒掉而已，要给他时间去适应。林嘉听到这样的说辞，认定老公是在敷衍自己，心里从来就没想过要戒烟戒酒，也根本没把她和要孩子这件大事放在心上。每当看到老公拿着烟到阳台吞云吐雾，她就会怒火中烧，之后竟然偏激地认为，老公一定是在外面有了私生子，才一直不肯为了要孩子而戒烟戒酒。怀疑的小火苗就这样在她心里越烧越旺，任由老公如何解释也是油盐不进。见妻子如此强势，不通情理，老公干脆破罐破摔，又恢复到抽烟喝酒的常态。

最后林嘉一气之下躲回了娘家，老人问清了缘由，知道是自己家闺女无理取闹，一个抽烟喝酒十几年的人怎么可能说戒就戒呢？肯定要让他循序渐进慢慢来。不仅如此，居然还编出那么不靠谱的段子让对方难堪。老人狠狠地骂了林嘉一顿，她也自知理亏，向老公真诚地道了歉，两个人和好如初。

在经历了这场风波后，林嘉查阅了相关资料，发现戒烟戒酒的确不是一件易事，既要忍受心痒难挠的诱惑，又要挑战承受能力的极限。她开始想尽各种办法，帮助老公一起戒。在两个人的共同努力下，不到一年，男人成功地戒掉了烟酒，两年后林嘉生下了一个健康的宝宝，迈向了三口之家的全新生活。

每个男人都会有一些不好的习惯，为了他们的健康，作为妻子，要求他们改掉坏习惯无可厚非，但任何事情都要循序渐进，否则就会欲速则不达。因此，女人要给男人足够的耐心和时间，凡事不能急于求成。

男人在很多时候需要的就是耐心和体谅，而不是那些显而易见的合理建议。智慧的女人不会在丈夫面前表现出汉子一般的强势，当丈夫感到妻子没有塑造和掌控他的企图时，才会对她敞开心扉，遇到困难和坎坷时会第一时间向妻子求得援助，征求爱人的建议和意见。男人只有由衷地感觉到自己是问题的终结者，而不是女人眼中亟待解决的问题时，他才会将不轻易开启的心门打开，允许她进入自己的内心深处，心甘情愿地为她做出改变。

女人一定要清醒理智地克制自己，放弃任何未经男人许可的帮助和尖酸刻薄的批评。接纳他，尊重他，你所爱的男人虽然嘴上不说，心里也会对你充满感激。慢慢地，他会对你投桃报李，在春风化雨般的渗透下，“改造丈夫”的计划也会向前不断推进，你会如愿以偿地看到丈夫的喜人变化。

打破僵局，情感流动起来

第 1 天：放下丈夫的手机

改变焦点：

目标：丈夫的手机

原因：易由好奇和不信任引发争吵

焦虑：里面装载着太多不为己知和无法掌控的信息

歧途：千方百计查看丈夫手机

真相：不是所有疑虑都会坐实出轨，大都是因为猜疑而产生隔阂

手机，在生活中是不可或缺的标准配置，在职场上是对外沟通的精良神器，而在婚姻里却可能成为打破夫妻间彼此信任的易燃易爆危险品。尤其对女人来说，丈夫的手机比女人心更像海底针，其间很可能隐藏着“见不得光的秘密”和各路“入侵者”，这让很多妻子总有一种无法掌控的失落感。丈夫的手机在她们眼中成为不折不扣威胁婚姻的不安定因素，仿佛是一枚随时可能引爆的定时炸弹，在不经意间会将他们看似稳固的婚姻炸得七零八落。正是在这样的不安全感驱使下，见缝插针地查看丈夫手机就成为很多妻子的花式日常。

事实告诉我们，一个男人是否有外遇征兆的表现之一便

打破僵局，情感流动起来

婚姻中所产生的矛盾不是依靠简单粗暴地查看手机就能够解决的问题。如果一而再，再而三地故伎重施，只会适得其反，引起男人的强烈反感和逆反心理。

真正舒服的婚姻是：我不需要查看你的手机，也不需要向你汇报我的行踪，就可以彼此心安无杂念。这是因为双方的信任和自律，所给予对方的界限感和空间感。

在于自己的手机对妻子的开放程度。一旦这个男人开始洗澡、吃饭、睡觉都搂着手机，完全应验了那句“一机在手，天长地久；机不在手，魂魄没有”的俗语，并且设置了密码，生怕被妻子破解时，很可能是婚姻已经出现了危险的苗头。而一个没有外遇的男人，虽然在心理上不能接受妻子去检查自己的手机——毕竟这也算得上是侵犯个人隐私权的一种行为，但却不会如此费尽心机地去防范妻子。

作为一个聪明的女人，并不需要依靠查看手机去掌握对方是否有“不轨行为”，因为生活中的蛛丝马迹都可以表现出来，特别是在与自己日夜相伴的爱人对自己是否真心上，早已心知肚明，何须通过查看手机去印证一些既成事实的所谓真相。

一位已经结婚十几年的女人，她和丈夫都有对方手机的指纹解锁，回到家中两个人的手机全放在茶几上，可以光明正大地互相看彼此的手机，也可以在对方忙碌时帮忙接听电话。但他们从来不会偷偷摸摸地查对方的手机。她表示，聪明的女人不会去查看老公的手机，但要拥有随时查看手机的权利。她偶尔也会询问丈夫，经常联系的异性是何许人也，丈夫都会耐心地向她解释，这样的坦然是历经岁月磨砺而显现出的云淡风轻。

所以，夫妻感情是否稳固，与查不查手机并没有直接关联。聪明的女人，不要动不动就疑神疑鬼地查看丈夫的手机，他是否爱你，答案早已写在你们生活的点滴之中。

01 好婚姻源于彼此信任

查看手机这一问题的核心本不在于查与不查，而在于这段婚姻是否真的缺少了信任。如果女人对丈夫缺乏信任，就会变得敏感，常常猜疑丈夫对自己不忠，开始查看丈夫的手机，跟踪、审问丈夫，甚至在网上扮演其他角色来引诱丈夫等，企图通过监控对方的方式达到阻止丈夫出轨的目的。这样的猜疑就像婚姻中的一根刺，它能将两颗相互爱恋的心刺得千疮百孔，能将两个彼此靠近的人拉开距离。

有多少女人因为无端猜疑，或者好奇心作祟，去查看丈夫的手机，进而展开了一场互不信任的拉锯战。张女士与丈夫结婚十余年，一直是朋友眼中模范夫妻的典范，两个人有着体面的工作，孩子是班干部，学习成绩名列前茅，一家人衣食无忧，感情平稳。后来，这样的岁月静好被张女士的疑心打破，她发现丈夫最近来电话总喜欢到阳台去接听，回到家里还会拿着手机聊微信。这样的举动触碰到张女士最为敏感的神经，因为她身边的同事和朋友中，夫妻关系不和、出轨外遇的不乏其人，这样的前车之鉴难免会让她联想到自己的婚姻。

从来不查看丈夫手机的她，趁着丈夫洗澡时翻看起手机的通话记录，果然发现了让她心痛的一幕，原来丈夫背着她跟前任女友一直有着电话和微信往来，特别是最近这段时间格外频繁。张女士瞬间怒从心头起，恶向胆边生，脸色铁青地坐在沙发上等着审问丈夫。丈夫从浴室出来看到妻子一脸怒气地拿着他的手机，心中虽有些许不快，但还是把事情的来龙去脉向她做了解释。之所以最近又和前任女友联系频繁，因为她家中出了一些棘手的状况，而他正好可以帮忙解决。没有跟妻子直说的原因，也是怕她多想，毕竟居家过日子多一事不如少一事，特别是像这类比较敏感的话题和人物。

张女士认为丈夫的解释算得上合情合理，心里虽然多少有些不舒服，但至少不像她疑心的那样恐怖，只是虚惊一场的"乌龙"。婚姻看似恢复到以往的平静，但张女士明显感觉到自从丈夫知道她偷看他的手机后，对她多了一些防备，平时说话也产生了隔阂和芥蒂，手机也不像以前那样随意放在客厅，更多的时候都是随身携带，两个人的关系产生了微妙的变化。

其实，查看男人手机是很多女人都会有的行为。在恋爱之初，女人就会产生一种心理，要对对方的一切都毫无保留地拥有，包括属于个人隐私的手机。最初也许是好奇，之后便是不信任，接下来就是由不信任而引发的各种"并发症"，如果任由"病症"发展下去，最终就剩下走向尽头的婚姻和两败俱伤的彼此。

婚姻中所产生的矛盾不是依靠简单粗暴地查看手机就能够解决的，如果一而再，再而三地故伎重施，形成惯性，只会适得其反。正确的处理方式应该是学会放下手机，多些信任与自由，就算是夫妻之间也要有相处的底线和界限。

02 好婚姻都自带界限感

在婚姻情感中，大多数夫妻之间都会存在同一个问题——缺乏界限感，进而就会产生一种错觉：既然我们是夫妻，就不用再分彼此。于是他们顺理成章地用对方的物品，看对方的手机，要求对方对自己袒露无遗，并认为这才是最为亲密的表现，在这一点上，妻子的表现明显比丈夫“更胜一筹”。实际上，破坏两者关系的最大杀手往往就是这种看似幸福甜蜜的无界限“亲密”。

周国平曾说：“一切交往都有不可超越的最后界限。在两个人之间，这种界限是不清晰的，然而又是确定的。一切麻烦和冲突都起于无意中想突破这个界限。”不幸的婚姻，大多是因彼此都想方设法冲破最后的防线，将对方的一切完全据为己有。一旦有一方在关系中丧失了独立性和空间性，曾经亲密无间的感情便会出现裂痕，甚至迅速枯萎，最终婚姻在哀号中被无情吞没。

有不少人认为，婚姻就是两个人合二为一的过程，不应再有隐私和隐瞒，别说手机里的信息，就连对方整个人都是贴上了标签，有明确归属性的附属物。其实，所有的人与人之间，都应该保留最基本的隐私权，以及适合于彼此契合程度的最佳理想距离，包括夫妻。因为夫妻一方不让另一方知道一些事情，并非就是主观的刻意隐瞒，有可能是一种客观的心理需求，这是人性使然，是他们一种更为真实的心理状态，和爱与不爱、防与不防对方并没有必然的因果联系。

因此，不要再热衷于使用“我都是为了你好”或者“我这样做都是因为爱你”等看似人畜无害的温情句式。男人并不需要这样的关心，因为这种关心，是钻入心底的窥探，会关心他的每一个电话是谁打来的，要干什么；会关注他的每一条短信是哪个“狐狸精”发来的，为什么要发，说些什么；会嫉妒和他一个办公室的女人，想知道他们是不是有暧昧关系……这一切都让男人们不胜其烦。于是，爱情会在这样的关心中变味变质，婚姻会在这样的关心中逐渐瓦解。

对待爱人要互相尊重，互不伤害，不要强加干涉彼此适当的私人空间，不执行双重标准，要关心彼此的身心健康，经常沟通真实的想法和感受，主动了解其需求并互相帮助，给予对方支持和鼓励。

夫妻就像放在一个篮子里的两个鸡蛋，都自带坚硬的外壳，彼此之间再亲近也不能成为同一枚鸡蛋。两个人既需要独立空间，也需要相互依赖，切莫因为害怕失去亲密关系，而对建立界限感产生恐惧心理。因为，界限感是婚姻自律的一种表现形式，一旦界限感被打破，婚姻就没有了自律，信任就不复存在。

好的婚姻中，夫妻双方都能够如心所愿地做自己，并且懂得尊重彼此，不会因为好奇或不信任就去私自窥探对方的隐私，他们能够保持婚姻的界限感，让彼此在不触及底线的情况下，最大限度地自由呼吸和生活。

但这并不意味着他们没有自己的欲望与私心，或者在日常生活中没有矛盾与分歧，因为有适当的空间做自己，又有足够的自律性，在出现问题的第一时间内，能够各自冷静、反省，进而找到解决问题的方法。

03 好婚姻是自律的产物

婚姻，从甜蜜开始，选择信任，不断沟通，给予空间，拥有安稳。当初有多么相爱，就会有多少寄托，希望彼此能够在婚姻里长久地走下去。但社会日益发展，人心日趋浮躁，婚姻的城池不断被外界各种诱惑所攻击，而日显脆弱。也许，昨天还两情相悦，明天就横眉冷对。一条暧昧的微信，一个可疑的来电，几个小时的失联，都足以引爆甚至毁掉一段婚姻。

夫妻双方如果希望婚姻走得长远，就要相互约定走下去的规则，给予双方一定程度的约束和有条件的自由，履行约束和享有自由的最终目的无非就是让双方养成自律的品格，自律才是对婚姻最有力的保障。

感情也好，婚姻也罢，最重要的就是自律，它是信任与自由的基础。当男人有了足够的自律性后，当女人不再查看男人的手机后，才会明白彼此，懂得婚姻。手机社交之于男人，无非有两个用处：正当交往和不正当暧昧。手机在男人手中，如果只是正当交往的工具，女人查看之后的结果只会增加男人的反感与不快，久而久之甚至会绝地反击。对于一个感情自律的男人而言，查看手机除了伤害感情以外，别无他用。另外一种则是手机在男人心中，如果已经沦为不正当的暧昧工具，女人查看之后将自己的怀疑坐实，随之就会身陷痛苦的深渊，揭穿是痛，不揭穿是伤，能够预见的最坏结局不外乎就是女人主动离开，或者男人“破罐破摔”。两个人在一起，应该不互相查看手机，但前提是心里不要藏着另一个让人伤心的“手机”，这是包袱，是枷锁，更是无底深渊。

因为彼此信任，而给予对方界限感和空间感，也因为彼此对感情的自律，才不需要用查看手机来验证和寻求答案。真正舒服的婚姻是我不需要查看你的手机，也不需要向你汇报我的行踪和秘密，就可以彼此心安无杂念。

生命是一场有去无回的旅行，而婚姻存在于我们生命的一大半时光中。因为爱，因为一种缔约，把原本两个毫无关系的独立个体紧密地联系在一起，每天朝夕相处，如影随形，所以更需要两个人互相理解与包容。

很多人常把“难得糊涂”奉为至理名言，并将其运用到夫妻相处之道中，这的确是面对生活的一种豁达态度，但却不能成为对婚姻不忠和无底线纵容的一种理所应当的合理解释。对于婚姻的忠诚和谨慎，是我们每一个人都应该铭记的信念，切莫让自己的婚姻之城因为手机的连锁反应，而变成一座彼此怀疑、毫无温度的荒芜之城。

How to Change Your Husband in 30 Days

改|变|秘|籍

两个人的婚姻虽然与手机无关，但却与手机所代表的信任与自律有关。丈夫应该做到手机不怕被妻子查看，并不对其设防；妻子应该做到不捕风捉影，不整天想着如何神不知鬼不觉地查看丈夫的手机。女人要学会放下丈夫的手机，拔掉猜疑这根刺，彼此互相信任，享有自由，懂得自律，这才是美好婚姻应有的模样：没有捆绑，各自强大。

第 2 天：不翻旧账

改变焦点：

目标：屡教不改的丈夫

原因：因为丈夫再次做错事，引起妻子连翻旧账的“炮轰”

焦虑：越翻旧账，丈夫越不知悔改

歧途：总是因为一点小事，就把陈谷子烂芝麻翻出来重提一遍

真相：既解决不了问题，还成为矛盾争吵的开端

走进婚姻的每个人都会犯错，不管大错还是小错，既然当时选择了原谅，就意味着事情已经画上了句号。但有不少人总能将过去的阴影随时照回现实，对已经过去的事情念念不忘，对伴侣曾经犯下的错误耿耿于怀，只要逮到机会就会像坐上时空穿梭机一样，把那些陈年旧事翻出来，重新晾晒一番，再口头演绎一遍，以作为新发生事件的有力佐证。

在翻旧账这方面，女人凭借着强大的记忆系统，明显比男人“技高一筹”，而男人则完全不敢低估女人的记忆力，即使她们已经到了可以做奶奶的年纪。男人们在屡战屡败中对女人这种天赋异禀的“独门绝技”彻底拜服，很多男人一听到自己的妻子即将切换到“翻旧账模式”，马上就会进入全线警戒状态。

喜欢经常翻旧账的女人，逐渐会让男人自动形成一道屏障，忽视女人所讲的话。当忽视的话越积越多时，女人因为得不到正面的反馈，自然就会变本加厉说出更难听的话，新一轮的恶性循环正式展开。

01 翻旧账把爱情翻没了

很多妻子对此也感到无奈又委屈，没人真的喜欢去翻旧账，给自己、给丈夫添堵，但很多时候是因为丈夫既不听话，又不长记性，不该做错的事情一而再，再而三地“昨日重现”，自己实在是被逼无奈，才把以前的事情拿出来，像复读机一样一遍又一遍地重复。其实，一件事情没有做好，或没有做到位，并不是靠翻旧账就能真正解决的，反而很有可能还会因为在当时的激动情绪之下口不择言，触及丈夫的底线，久而久之成为婚姻的隐形杀手。

一个结婚多年的男人表示：他最害怕因为一丁点的小事，妻子便把那些陈谷子烂芝麻的事翻出来重提一遍，因为一旦旧账被翻起，一场口水战注定会变得没完没了。男人不明白，妻子的记性为什么会那么好，触类旁通的事情信手拈来，日子越过越久，能提的旧账也越来越多，这样的日子想起来就让人头皮发麻。

有一次他去买生抽，回家女人一看买错了，马上自动调到“翻旧账频道”：跟你说过多少次了，买某某牌子的生抽，怎么每次都能买错！还有上个月让你给我父母家交电话费，你居然都能充错号码；开学前，让你给孩子在网上预订兴趣班课程，反复跟你确认，最后还是订错了，弄得被动不说，还要额外托人交钱才能插班上课……

现在男人一听妻子要翻旧账，就觉得耳朵里的茧子都快要跳出来抗议了。时间久了，男人会自动进入自我催眠状态，假装听不见妻子的话，下次仍然再犯。而妻子面对屡教不改的丈夫会更加生气，翻旧账也更具杀伤力：一点小事你都干不好，怪不得人家老丁都升成副总经理了，你多少年了还在原地晃悠……男人自然听不得这种话，感觉就像剥洋葱一样，被最亲密的人把外衣一层一层扒掉，展示出自己最难堪的部分，不堪忍受的男人必将因此而应战。

的确，有一些女人仿佛生来就具备一种超凡的能力，能把一些芝麻粒大小的事情变成石破天惊的大事，还能把从相识第一天开始对男人的所有不满、男人的失误和错误一一记在心里，并能准确无误地将其划归为不同的类别，如工作类、家庭类、为人处世类等，在与丈夫发生矛盾时，迅速从记忆中调出相关类别，与当前矛盾相互呼应，举一反三，开始是就事论事，之后有更多的情绪记忆细胞被唤醒，进而会因此慢慢升华到爱情，甚至人格层面，以“你不爱我了”“你变了”之类作为切入点，对男人展开一场义正词严的声讨。

而面前的男人，只有“乖乖”地听着，然后绞尽脑汁地回想自己曾经犯下的错误，是否真如妻子所说的那么多。当女人滔滔不绝地一一列举男人过去的是非过错时，男人虽然感觉到怨气由心而生，却因为理屈词穷干脆就少讲话或不讲话，甚至想溜之大吉。但女人面对男人这样的示弱表现，一般都会让男人当场认输，记下又一笔“罪状”。

02 女人为什么爱翻旧账

“你怎么总是提这些陈谷子烂芝麻呢？”这是男人经常对女人说的一句话，往往一件小事就能勾起女人曾经的回忆。女人们也不得不承认这个爱翻旧账的事实，那么，为什么女人总是爱翻旧账呢？其实这种现象的产生有其心理学根源。

第一，男女感情的着陆点不同。男人粗犷外放，女人细腻内敛，这一外一内，一张一收的差异必然注定男人和女人在处理问题的方式上截然相反。男人如果对某件事情不满意，他们会直接将这种情绪发泄出来，而后雨过天晴；而女人一般表现得风平浪静，内心却早已波涛汹涌，她们会把某件刺伤自己的事情深埋心底，且经久不忘，这种深藏的情绪会越积越重，直到有一天，类似的某件事触发了她旧日的伤痛，随之就会将以前的“旧怨”裹挟着这一次的“新仇”一并发泄而出。这就是女人爱翻旧账的根本原因。

第二，女人的怀旧心理在作祟。在二人世界或三口之家中，我们经常会发现属于丈夫的私人日常物品少之又少，每一件基本都是生活必需品，特别是在衣柜的分配比例上，很多夫妻都是三七开，甚至是二八开，当然这里说的仅仅是日常生活物品，而不是指书、画或其他收藏品等属于很多男人心头好的“高级物件”。相比较而言，妻子的私人物品则会翻倍增长，打开衣柜会看见呈雪崩式的各季服装，甚至连那些没用的空瓶子、空罐子，她们也会视若珍宝，仔细地收藏起来。也正因为这样的怀旧心理，女人们才常常碰到合适的机会，将那些过往的旧事拎出来晒一晒。

第三，女人的记忆方式有别于男人。在女人超强的记忆力背后，还隐藏着一种女人对事物的特殊记忆方式，这种特殊表现在她们对于事情的记忆往往不注重整体的逻辑性，而是倾向于片段记忆。于是，她们常会记住过往生活中的种种细枝末节，甚至会记住丈夫在何年何月何日何地何因曾对其大发脾气。由此可见，女人之所以爱翻旧账，也是因为脑海中储藏着过往的种种记忆，所以，在男人眼中，他的妻子随时有东西可“翻”。与之相反，男人一般会将那些没用的过往记忆自动删除。

第四，翻旧账是女人向男人表达不满，要求更多关注的一种方式。女人通过翻旧账的方式来发泄自己对男人的不满情绪，以此希望男人能够了解自己在过去的事件中所感受到的伤害和委屈，这其实也是女人向男人的一种诉苦方式。在翻旧账过程中，女人其实在向男人传递这样一个信息：“你过去就对我不好，而如今你不知悔改，反而更加任意妄为！”她们会将过去和现在的事情累加起来，以此来提醒和谴责男人，让男人知道自己曾经的过失和犯下的错误，也让男人明白自己今天为什么会生气。

除此之外，一些女人爱唠叨的天性和斤斤计较的脾气，都是造成其爱翻旧账的原因。虽然她们可以通过翻旧账来宣泄自己的愤怒与负面的情绪，但是如果使用次数过于频繁，必然会招致男人的厌烦，即使女人的委屈最初会让男人感到内疚，这份内疚也会在女人“经久不衰”地数落和抱怨中消散。最后，女人在男人心目中会渐渐变成一个既小肚鸡肠又婆婆妈妈的形象。

所以，做任何事情都要恰如其分地掌握好一个度，对男人既不能放任自流，也不能苦苦相逼。不同的女人同样在翻旧账，如果能够把握好轻重缓急，会翻出不一样的效果，旧账翻好了，能让男人更加心疼你、爱护你，觉得自己能娶到像你这样的妻子，是他三生有幸；而旧账翻砸了，男人就会觉得你不可理喻，甚至当场发飙。

03 学会翻篇，少翻旧账

夫妻间的相处之道，要学会翻篇，才更容易获得幸福。在一段婚姻中，不要遇到问题或矛盾就一味地去翻丈夫旧账，否则，这件事情就会变得没完没了。那些早该翻篇的陈年旧账，原本应该让时间去洗刷掉，而不是拿出来反复咀嚼，时常地念，再三地说，除了造成N次伤害以外，没有半点益处。翻旧账，翻出来的不是关心与感情，而是牢骚与怨气。一旦翻旧账翻成习惯，不仅会影响夫妻之间的感情，甚至还可能会导致婚姻的破裂。

只是翻旧账是女人身上的自带属性，并不是想戒就能戒掉的。虽然不好戒，却可以慢慢少翻，并对“翻”的形式和措辞进行改进，将旧账翻得更加艺术，让男人心服口服，化戾气的“翻”为祥和的“翻”。最重要的一点就是真诚而直接地告诉丈夫，总翻旧账背后的原因、需求和期望等。

第一，自省与原因。承认自己为一点问题就翻旧账的行为确实偏激和不妥，并对丈夫说，自己翻旧账不是想让他难堪，只是因为他总犯同一个错误，每次都虚心接受，却坚决不改，让自己备感失落，觉得不受丈夫的重视，越这样越想通过刺激他，求得对自己的关注与在乎。

第二，换位思考。试着站在丈夫的角度，去理解他被翻旧账时的心情，就像被人一次次在刚刚结痂的伤疤处，恶狠狠地把痂连血带肉地撕掉，并在伤口上反复地撒盐，久而久之既会变成婚姻中难以愈合的伤痕，也会让丈夫感到烦躁难过，甚至产生抵触和反感情绪。

第三，询问丈夫的意见。在想翻旧账时，可以换一种措辞来表达，以前是“添油加醋”地冷嘲热讽，现在可以以关爱的口吻与丈夫沟通，比如：你觉得我的建议怎么样？如果你有更好的建议可以提出来？这样心平气和地交流，而不是以往那种一个人的连珠炮。

第四，表明自己的心愿。平和真诚地希望丈夫能够慢慢改掉某个缺点和不足，不要苛求他一下子就做出全部改变，这是不现实的想法。可以告诉丈夫，如果感觉不容易做到，就让自己去善意地提醒他，但一定要避免箭头向外，让丈夫在无意中受到多次伤害。

夫妻相处，翻旧账是大忌。作为男人来说，尊严和面子是极为重要的，女人如果总是揪着这些旧账不放，会严重打击男人的自尊，所以他们最害怕的就是女人翻旧账，把自己的缺点尽数数落。这会让丈夫产生错觉，认为妻子是在打击自己，不欣赏自己，甚至对自己的爱也消失殆尽了。翻旧账既然这样得不偿失，不如学会欣赏丈夫，同时把真实的自己展现在他面前，让自己愉快地与他相处，用其他更有建设性的方式引导他更好地爱你，这样才能让双方的关系更加稳固持久。

How to Change Your Husband in 30 Days

改 | 变 | 秘 | 籍

女人们不要用翻旧账来显示自己特殊的记忆力，更不要经常摆出"女皇"的姿态，抬高自己，以达到"教育"男人的目的。应该时刻做一个宽容大度、智慧得体的女人，掌握翻旧账的技巧，这样，男人可供你翻的旧账自然会慢慢减少，还可以将负能量的翻旧账转变为积极向上的翻旧账，让两个人都变成婚姻中最好的自己，让那些陈年琐事"化作春泥更护花"。

第 3 天：一丈之内才为夫

改变焦点：

目标：被一手掌控的丈夫

原因：妻子以爱为名，对丈夫进行全面监控

焦虑：对妻子的另类之爱深感窒息

歧途：让丈夫每天都在自己编织的“大网”中无力挣脱

真相：适当留白的婚姻才能维持长久

好的感情，都存在一个相对安全的距离：既不过分靠近，也不过分远离。人们经常提及的“一丈之内才为夫”，其落脚点并不是要把丈夫的一言一行、一举一动都牢牢地掌控在自己手中，对他严加看管，百般防范；而是说，一丈之外，身为丈夫的那个男人，本应有属于自己的自由和独立的空间。

感情和婚姻从来不是依靠“捆绑”来维系的，也不要以爱为名把关心变成约束，更不要试图完全掌控对方。要想婚姻幸福，必须留有适当的距离，给彼此各自的空间。正如俗语所说，“婚姻是爱情的坟墓”，对于那种密不透风的婚姻来说，此话无疑是真理，爱情身在其中只会被“活埋”致死。

01 远离密不透风的爱

监狱，一个令人谈之色变的地方，是失去自由的代名词。但居然有人为了逃避妻子的“百般宠爱”，想出了以身试法的主意，自愿“申请”入狱，目的只有一个：“我想静静。”这样的奇葩行为不是电影桥段，也不是无厘头杜撰，而是发生在我们身边的真人真事。

某日，浙江金华市城东派出所接到报案，某企业员工宿舍内失窃一部平板电脑。警方很快锁定了嫌疑人邓某。然而邓某看到警方的到来却极为淡定，仿佛一直在等着警察上门，他不但马上交出了偷来的平板电脑，还非常配合民警的讯问。原来，他盗窃的目的就是为了进监狱喘口气。

邓某35岁，来自云南，和妻子生有两个小孩。据他交代，这些年他和妻子的感情并没有大的问题，但妻子平时对他管得很严，家里的大小事宜全由她一人做主，不仅每月工资要如数上交，就连去小卖部买根冰棒都要跟妻子汇报，经过批准后才能出门，妻子同时还要派出两个“小保镖”——他们的孩子紧随其后，无论走到哪里，两个“小尾巴”都会跟着，完成妈妈交给他们“看管爸爸”的光荣任务。在工作和生活的双重压力下，男人感觉自己快要窒息而亡了，所以才做出这种荒唐行为。

邓某特地选择了自己曾经工作过的某企业为作案目标，被偷的宿舍也是自己以前住过的，熟门熟路很容易下手。就这样邓某顺利得手一台平板电脑，将它藏在了家里的床下，淡定地盼着警察上门。面对警察的询问，他表示："不是偷来想弄点钱的，要是我偷来卖的话，早就卖了，我就等着你们来抓我。"邓某对犯罪事实供认不讳，他也因涉嫌盗窃被公安机关行政拘留。

看着这样像搞笑段子一样的真实新闻，除了感叹邓某的脑洞大开，还道出了现代男人的压力与悲凉。家，本应是港湾，是避风港，是引导我们前行的路标，也是照亮我们由黑暗走向黎明的灯塔。我们每个人终其一生，忙碌和奋斗的目标就是为了打造一个更好的家。这样一个充满温情和希望的归宿，却因为妻子密不透风、令人窒息的爱让丈夫避之不及，最后自己以一种惊世骇俗的方式躲进了监狱，以求得内心片刻的安静与放松。

爱一个人是为了让他幸福，正常的爱会让被爱人感到舒适自然，内心温暖而自由。真爱的付出不是为了控制对方，而是源于爱而心甘情愿地付出，在付出的同时让自己和对方同样感受到身心最大的愉悦。一个真正有爱的能力的人，在为爱付出时是幸福快乐的，他们付出的背后没有隐藏着"控制对方"的潜在目的。

02 以爱为名的掌控

聪明的女人都应该懂得：丈夫，是一丈之内的夫，一丈之外，他还有自己的空间。所以她们从来不会生出将丈夫据为己有的荒诞想法。在婚姻里，两个人都是相互独立的自由之身，不存在任何的依附和掌控关系。夫妻之间，除了彼此相伴

的家以外，还应留有时间和空间给自己的朋友和亲人。千万不要以爱为名，用“高压政策”冲淡了男人对家的眷恋和责任。

何先生是一个事业单位的中高层干部，工作老练通达，雷厉风行，下属对他颇有几分敬意。但只要妻子一露面，他的锋芒和气场顿时会被掩盖无余，凡事谨言慎行，就像一个孩子在严厉的母亲面前，总是将自己包裹起来，平日里侃侃而谈的他也变得沉默寡言。

他的妻子在一家医院的营养科工作，在健康饮食、起居作息等诸多方面有着绝对的发言权，她把何先生的生活照顾得无微不至。为了避免中年人普遍会出现的“三高”症状，家里的餐桌上永远不会出现猪肉的影子，可何先生这个祖籍哈尔滨的大男人偏偏就爱吃杀猪菜，这让他每次吃饭都是一副生无可恋的样子，一道道依照营养搭配而来的完美饮食，完全满足不了他的食欲。

除此之外，丈夫生活中的一切也都由妻子一手包办，他过着旁人羡慕的“衣来伸手、饭来张口”的惬意生活。但何先生那种“身在福中不知福”的感觉却日益强烈，两个人明明是夫妻关系，却生生处成母子关系，他在享受照顾时，体会到的不是蜜意与温情，而是掌控与压抑。

妻子对何先生的关心与照顾可谓全方位、多角度，从饮食习惯到着装搭配，从接听手机到回复信息，都有着明确的要求和标准。有一次，何先生的单位集中进行干部培训，手机要求全部关机，并交由会务组统一保管。到了中午，在开机的瞬间，妻子的电话就追了进来，劈头盖脸地一顿询问，何先生接完电话，看到了屏幕上显示着100多条未读信息，都是妻子发来的“追命符”，他拿着手机摇摇头，显露出满脸的无奈与心酸。

正所谓“不在沉默中爆发，就在沉默中灭亡”。备感压抑的何先生在儿子结婚后，毫不犹豫地向妻子提出了离婚。他在孩子长大成人，自立门户后，下定决心改变自己以往压抑的生活方式，彻底摆脱这种以爱为名的掌控，活出不受他人染指的独立生活。

在独享妻子近30年的“高配专宠”后，何先生以决绝的行动，终于呐喊出压抑已久的不满情绪，而妻子也为自己专制的爱，付出了极为惨痛的代价。无论是让爱人活在自己的重压之下，还是以爱之名义让爱人对自己言听计从，都是一种控制欲极强的扭曲心理。他们想尽一切办法的所作所为就是为了给对方编织一张无法逃脱的“大网”，让对方每天都在自己的网中无力挣脱，只有时时看到对方在网中安静地工作和生活，他们的心情才会舒畅，而对于爱人的心情则无暇也无意了解和过问。这样的婚姻，最后留下的只能是一声叹息。

诗人纪伯伦曾在《论婚姻》中谈到“寂寞的智慧”，语重心长地表述出在婚姻中夫妻理应具有的独立性。在这里，节选部分送给广大读者，以作为夫妻间相处之道的借鉴。

你们的结合要保留空隙，
让天堂的风在你们中间舞动。
彼此相爱，但不要制造爱的枷锁，
在你们灵魂的两岸之间，让爱成为涌动的海洋。
倒满彼此的酒杯，但不可只从一个杯子啜饮，分享你们的面包，但不可只把同一块面包享用。
一起欢笑，载歌载舞，
但容许对方的独处，
就像琵琶的弦，
虽然在同一音乐中颤动，
然而你是你，我是我，彼此独立。
交出你的心灵，但不是由对方保管，
因为唯有生命之手，才能容纳你的心灵。
站在一起，却不可太过接近，
君不见，诗庙的梁柱各自耸立，
橡树与松柏，也不在彼此的阴影中成长。

How to Change Your Husband in 30 Days

改丨变丨秘丨籍

世间万事，都需要留白，绘画、文学需要，婚姻同样需要。如果翻开一本书，满眼密密麻麻全是字，又怎能开卷有益，引人入胜？夫妻间朝夕相处，琐事不断，本就难以保持新鲜感，如果再没有留白加以透气和喘息，又怎能奢望天长地久？无缝掌控，绝非良策；学会留白，实乃佳选。

第 4 天：不触碰丈夫的隐私

改变焦点：

目标：对妻子有所隐瞒的丈夫

原因：丈夫心里的隐私不愿向妻子坦白

焦虑：不了解丈夫的全部就心有不甘

歧途：总想让丈夫将深埋内心的过往和盘托出

真相：没有隐私的婚姻，反而让彼此间失去了原有的信任

午夜梦回，看着熟睡的枕边人，也许会有一种莫名的陌生感涌入心间，就算是同床共枕的夫妻，是这世间相处距离最近的人，也不能完全看清他的本质。对于走进婚姻的男女，彼此之间熟悉、相爱是基础，但有时候你会感到并不真正了解他，于是在好奇和略带醋意的心态驱使下，对他展开全方位、多角度或公开、或私密地调查与窥探，只求找到一个通透无秘密的他。殊不知，这样的举动对感情而言却是有百害而无一利。

其实，我们每个过来人都明白一个不愿接受的事实，虽然两个人是夫妻，但有可能不是对方最深爱的那个人，也许在他的心底一直深藏着一个人，那是他最浪漫的回忆，那是和他共同走过青葱岁月的一个人。对此很多女人会心有不甘，总想让丈夫将深埋于心间的过往全部说出来，以示忠心。这样一厢情愿的想法千万不能付诸实践，即使你所担心的疑虑是真实存在的，但请不要深挖，甚至不要触碰，悄悄地将你曾经挖掘过的痕迹掩埋，就让那个人永远埋在他的内心深处。他们之间已然成为过去，用你真诚的爱去覆盖她在他心中旧时的影像，方为明智之举。婚姻的意义不在于追求透明、公平和真相，唯有和谐、共存和理解才能抚慰人心。

35岁的冯雪结婚已10年，丈夫比她大7岁，两个人是通过相亲认识结婚的。婚后感情稳定，夫唱妇随，彼此信任，平时也乐于分享和交流工作、生活中的各种事情，只是丈夫婚前的感情经历，从未向冯雪“坦白交代”过。

丈夫跟她相亲时已经过了而立之年，她也知道他之前有过感情经历，两个人恋爱时她曾拐弯抹角地问过几次，都被丈夫顾左右而言他地敷衍了过去。婚后，冯雪也没有再提及这件事，丈夫自己更不会提，她深知丈夫是准备把这份感情隐私永远藏在心里不让她知道，但她却总有一个疑问在脑海里旋转，就是想一探究竟。

在结婚10周年的纪念日，丈夫为她精心设计了多重惊喜，从上午送到公司那99朵魅惑人心的蓝色妖姬和造型独特的钻戒，到晚上浪漫唯美的法式大餐，这一个个走心的节目极大满足了女人的虚荣心，也让冯雪深深地沉浸在幸福之中。两个人喝着红酒，吃着牛排，聊着过往，看着美景，不知不觉间都有了微醺的感觉，话题也从生活、工作和孩子，慢慢转移到婚姻和感情。他们以前很少有过这样触及心灵深处的畅谈，也许是在酒精的作用下，也许是暧昧氛围引起的化学反应，当冯雪又问及他之前的感情经历时，他一反常态，对妻子敞开了心扉："我知道，你一直对这个问题感兴趣，这么多年我始终没有说，一是怕你不高兴，二是觉得都是过去的事情了，再谈也没有任何意义。但今天是咱们结婚10周年的日子，我真的特别感谢你让我过上了一家四口、儿女双全的幸福生活，而且你的感情经历在结婚前就一五一十地都告诉了我，我不应该对你有所隐瞒。希望你听后，不要往心里去，都是一些陈谷子烂芝麻，听听就过去了。"

冯雪连连点头，保证就当故事听，不会因此而影响夫妻间的感情。

丈夫把他那份深藏心底多年的感情，在这样一个特殊的日子向妻子"彻底坦白交代"了，从相识到相爱再到分手，没有一点保留。原来丈夫和前女友是大学同学，两人爱情长跑整整跑了10年，在准备结婚的那一年，女友却突然提出分手，原因是爱上了她的上司，他俩分手没多久，女友和上司就被双双调到美国总部，这件事让丈夫深受刺激，缓了几个月才从感情阴霾中慢慢走了出来。后来，经人介绍认识了冯雪，她是丈夫相亲认识的第一个人，当时丈夫就想找一个看着顺眼、靠谱的女人结婚，安心过日子，所以他们恋爱不到半年就闪婚了。彼此间并没有过刻骨铭心的恋爱经历，一切都是水到渠成，婚后也是相敬如宾。

冯雪在听到丈夫说找一个顺眼、靠谱的女人结婚过日子时，脸色一下子沉了下来，掩饰不住的失望和落寞，她忽然懂得了为什么有时跟丈夫逛街，丈夫会走神，或发呆，一定是在想那个女人，那个地方不仅是他们曾经去过的，肯定还发生过很多刻骨铭心的事情，丈夫今天为我安排的这些节目，也一定都为那个女人做过……她心里存有的阴影在这一刻都找到了突破口，但知道真相后，一种无法言说的痛苦在心里挥之不去，微弱的醉意也因此而消散。

丈夫看出妻子失望的神情，赶忙向她解释："当时确实是那种想法，但结婚以后就不是了，现在是真的爱你，并感谢你，希望咱们把日子过得越来越好。"

当晚充满诗意与浪漫的氛围就此戛然而止。因这样不合时宜的"开诚布公"，回到家后，两个人各怀心事，背靠背地无趣而睡。

以后的日子，冯雪就像被邪魔附体一般，时常会拿丈夫的这段隐私说事，说话也越来越尖酸刻薄，这让丈夫苦不堪言，下班后宁可在单位加班，也不愿回家听妻子夹枪带棒地嘲讽。他对冯雪的态度日益冷漠，现在两个人不要说交流谈心，就连正常沟通都成了一件难如登天的事情。话题骤减到只说与两个孩子相关的问题，其他一概不谈，夫妻感情大不如前，吵架、冷战的情况与日俱增，日子越过越冷，越过越累。

这样的婚姻让冯雪一筹莫展，丈夫的感情隐私以前对她来说是一个谜一样的存在，现在却成为两个人之间一道无法逾越的鸿沟，她无法让自己释怀，甚至后悔那天和丈夫谈及此事。真是眼不见心为净，耳不听心不烦，有些事情不如难得糊涂。

没有隐私的婚姻，反而让彼此间失去了原有的信任！夫妻少不了信任，更少不了隐私。在坦白自己的隐私时，是需要分人分事的，不是所有的人都能坦然接受你所有过去的隐私。夫妻间有些隐私可以谈，有些却不能触及，尤其对于过去的感情经历，属于“高危地带”，最好将其深埋心中。两个人的感情再深，在听到对方过去感情的隐私时，也无法做到风轻云淡、事不关己。所以，在婚姻里恰到好处地保留一些隐私，不是不信任，更不是不爱，而是呵护彼此感情的善意行为。

How to Change Your Husband in 30 Days

改丨变丨秘丨籍

对于男人的过去，以及他灵魂深处的想法和欲望，这些不愿让人企及的隐私，即使作为妻子也不要试图染指。每个人都有深藏的缺陷和秘密，任谁都不能容忍自己赤裸裸地站在他人面前。不要奢望夫妻间完全保持透明、无隐私的状态，这是一种反人性的要求。理解和尊重彼此的隐私，是两个人相安无事的前提。请将夫妻间就应该坦诚无欺、没有秘密的不现实理论彻底删除。给对方留一方水土和空间，这才是夫妻间的长久相处之道。

第5天：收回起伏不定的情绪

改变焦点：

目标：屡遭妻子情绪中伤的丈夫

原因：因为一点小事不如意，把全家搞得狼烟四起

焦虑：除了一手操持家务外，剩下的时间都用在了情绪发泄上

歧途：认为自己劳苦功高，发点脾气理所当然

真相：让丈夫和家人深受其害，与妻子的关系渐行渐远

每个人都有喜怒哀乐各种情绪，这是一种与生俱来的本能。情绪是客观事物作用于人的感官而引起的一种心理体验，既然是体验就有好坏之分，造成情绪感染的效果也必然会产生正面与负面之别，进而形成积极和消极两种心态。良好的情绪会让人有一种积极向上的健康心态，因此形成一种轻松愉悦的氛围，并感染到身边的每一个人。

而厌烦、压抑、忧伤、愤怒的消极情绪则会造成紧张与烦躁，甚至是充满敌意的氛围。这样的坏情绪又会直接影响和波及你的家人、朋友和同事，也极有可能造成一系列的连锁反应，就像一颗扔进平静湖面的小石子，涟漪一波一波地扩散，最终将情绪污染传播给社会。由此可见，良好的情绪至关重要，身处婚姻中的女人，千万不要让起伏不定的坏情绪成为婚姻的绊脚石。

01 起伏不定的情绪是恶魔

哈佛大学心理学博士丹尼尔·戈尔曼曾在《情商》一书中指出："一个人的成功，只有20%归于智商的高低，80%取决于情商……智商高、情商也高的人，春风得意；智商不高、情商高的人，贵人相助；智商高、情商不高的人，怀才不遇；智商不高、情商也不高的人，一事无成。"情绪就像是人心中的一片海洋，起伏不定，有的人在其中乘风破浪，有的人却只能被无情吞没。糟糕的情绪不仅伤及自己，还会像瘟疫一样在人群中蔓延，稍不留意，就会传染给自己的家人，使他们成为最无辜的受害者。

晓琪是一个世人眼中的好妻子，她在外是职场精英，回到家是能干巧妇，里里外外都照顾得很好。唯有一点，对家人脾气不好，这一点让丈夫和儿子都深受其害。

有一天，丈夫心疼她最近太辛苦，主动把家里的衣服都洗了，本想着能得到妻子的表扬。谁知，晓琪一进门，先是面无表情地看了一眼洗衣机，接着劈头盖脸对丈夫一顿数落："我每次洗衣服时你都不长眼吗？正常人怎么会把深色和浅色的衣服混在一起洗！"她一边抱怨，一边气呼呼地把衣服从洗衣机里硬拽了出来，狠狠地摔到了地上……

一天早上,7岁的儿子赖了会儿床,出门比平常晚了几分钟,路上又堵车,眼看就要迟到了,儿子心里着急,让妈妈换条路走。晓琪阴沉着脸:“现在知道着急了,早干吗去了!该起床不起床,以后还能干什么……”把儿子说得两眼泪汪汪,一整天上课都心不在焉。

渐渐地,晓琪发现,只要她回到家,刚才还有说有笑的爷俩儿立刻收起了笑容,两个人一起躲进了书房,家里氛围又冰冷又诡异。尤其是丈夫,只要儿子去上辅导班,或回到奶奶家,他铁定就会加班,拒绝和晓琪单独相处。发现这个规律后,晓琪更是火冒三丈,因为一点小事就能把全家搞得狼烟四起。

直到有一天,晓琪无意中发现了老公和女同事暧昧的证据,那是一个各方面都很普通的女人,晓琪怒不可遏地质问老公:“到底是为什么?”老公淡淡地说了句:“在她身边,我觉得舒服开心。”

晓琪彻底崩溃了,十几年如一日的辛苦操劳竟然不能让老公觉得舒服开心!

她不止一次地向闺蜜抱怨:“这十多年来,我为了他们,把自己的精力都快榨干了,他不心存感激就算了,还找一个这样的女人成心让我难堪。我不就是脾气不好嘛,难道就因为这个缺点,就把我所有的辛苦全盘否定了?!”

其实,晓琪之所以这样劳心劳力也是自己一手造成的,丈夫本不希望她这么辛苦,一直建议请一个保姆,但晓琪因为不放心,说什么也不同意。回到家的晓琪就像自动跳转到“怨妇”模式一样,除了一手操持家务,剩下的时间都用在了抱怨、指责、愤怒、哭泣上,家人做什么都不对,丈夫和儿子在得到她生活方面的照顾以外,感受不到一点家的爱与温馨。

像晓琪这样的已婚女人有很多，一边大包大揽拼命干活，一边喋喋不休责备家人，把自己心中的怨气和不满动不动就撒到最亲近的家人身上，这样起伏不定的情绪就像定时炸弹一样，不知何时，因为一件什么事，甚至一句什么话，就会把家人的情绪炸得和她一样七零八落。

她们对家人严格又苛刻，可在面对自己的问题时，却不知悔悟，总认为，自己为这个家付出了这么多，发点脾气没什么大不了，甚至还居功自傲地觉得自己有权发火。

这样的不和谐婚姻关系在生活中屡见不鲜，其主要原因在于一方不具备管理情绪的能力。情绪的管理不当会对自身和他人都造成极为严重的负面影响，甚至还会酿成无法挽回的人间悲剧。正如人们常说的，管理不了情绪，挽救不了婚姻。

曾有一条让人惊心动魄的新闻在网上广为流传：湖南一35岁女人，刚离婚两天，因为和前夫在电话中发生了争吵，一怒之下抓起4岁的儿子，从宾馆四楼扔了下去！万幸的是，孩子落在种菜的泡沫箱上缓冲了一下，又被楼下居民及时救起，才算保住了生命，是否伤残，不得而知。但这场源于亲生母亲的突如其来的灾难，将给他的童年，乃至一生留下多么深重的心理阴影真的无法预估。

凝视深渊已久，深渊必将回以凝视。不良的情绪，就是这样一个深渊，因其而造成的悲剧比比皆是：

“女子表白被拒后，情绪激动要跳楼，所幸被民警救下”；

“因为惩罚出轨老公，竟然将9岁的女儿拖到窗外的空调架上，威逼着要一起跳下去”；

“夫妻因琐事吵架，丈夫拦车被妻子撞亡”……

这些真实的新闻每一条都让人触目惊心，冲动是魔鬼，人一旦被情绪所掌控，即将发生的一切都充满了变数，刹那之间，生死两茫茫。

女人是家庭的核心，一个性格平和，擅长情绪管理的女人，不仅能够给家人营造出放松愉悦的氛围，还能为整个家庭累积财富、福分和运气。而一个不懂得有效管理情绪的女人，会让起伏不定的情绪变成一种极为暗黑的恶魔，一旦失控意味着即将吞噬所有。

02 如何控制起伏不定的情绪

很多女人对外人一贯都是言行得体，浑身散发着正能量；回到家却时常对深爱自己和自己深爱的亲人横眉冷对、恶语相向，完全负能量爆棚，其原因就是越是深爱之人，越容易激发出人性的弱点和劣根性。所以，要学会情绪管理，否则就会陷入伤人伤己的泥潭中无力自拔。

第一，觉察自己的情绪。经常提醒自己“我觉知到我自己在干什么”，一旦发现自己情绪有异常波动，要特别警觉。比如，当你看到家里一片狼藉，老公玩游戏、熊孩子不停地制造各种麻烦，首先要深呼吸，并对自己说：“我感觉到自己的内心已经蹿升起愤怒的小火苗，这个小火苗即将燃烧成熊熊大火！这把火一旦从星星之火变成燎原之势，不仅会烧伤自己，还会伤及家人。”当你能够清醒地意识到这一点时，你的火气可能就会慢慢消减下去。

第二，1分钟平复情绪。情绪起伏不定，如同潮涨潮落，当情绪冲动时，只要懂得控制住自己不要立即爆发，有时只需要1分钟的等待，就可以有效避免许多麻烦。当你感受到自己的怒火已经燃烧起来时，对自己说：“忍耐1分钟，让我从1数到60，如果数完，还是很生气，再发火也不迟。”一般情况下，当你能够忍住怒火，从1数到60的时候，刚才的火气也会在60秒内有所衰减，这样就能让你采取其他方法去化解眼前的问题。

第三，改变你的气场。如果糟糕的情绪不可避免地爆发了，最快的自救方法就是转换场景，不要在这个充满负能量的空间久留。人在熟悉的地方，面对熟悉的人，很容易做出极端举动。这时摔门而去也不失是一个让自己快速恢复“正常”的选择，因为一个人如果情绪失控，往往因为负责理性加工的左半脑紧急关闭，而出去走一走，就可以恢复这种“双侧运动”，让左右脑同时兴奋起来。一般来说，出走10~20分钟，你的注意力会随着周围景致的改变而转移，焦虑和愤怒也会渐渐消失，恢复到往日的平静状态。

张爱玲曾说：“笑，全世界便与你同声笑；哭，你便独自哭。”幸福是恒久期待却又不失平静。情绪管理的最高境界是用持续温润的爱意与善意浇灌自己内心的价值观，不要使自己陷入慌乱之中，不被情绪所操控，只在心底把所有的不满与悲伤一一化解，活出一副“心向阳、生温暖”的静好模样。

How to Change Your Husband in 30 Days

改 | 变 | 秘 | 籍

一些女人天生不善于理性思维，相对于男人，情绪化更为明显。在我们的生活中，难免会有磕磕绊绊，虽然不能完全奢求自己做到不愤怒、不焦虑、不悲伤，但是一定要懂得并学会对情绪进行管理，让自己从纷繁错杂的情绪中抽身而出，以最大化提升行为的正面影响，让自己变成一个平和喜悦、从容不迫、善解人意、向阳而生的女人。

第 6 天：不做丈夫的“肋骨”

改变焦点：

目标：被妻子过度依赖的的丈夫

原因：过度依赖于丈夫，导致安全感匮乏

焦虑：放弃了事业，每天除了伸手要钱，就是怀疑丈夫出轨

歧途：把婚姻当作女人一劳永逸的避风港

真相：靠男人不如靠自己

上帝用尘土创造了亚当，当他看到这个衣食无忧，却孤单寂寞的男人百无聊赖地行走于云海之间，心生恻隐，在亚当睡觉时，从他身上抽出了一根肋骨，从此有了夏娃，两人偷食禁果后，繁衍了人类。神话告诉世人：女人是男人的一根肋骨，男人只有寻到属于自己的那根肋骨，才是完整的自己，胸口中的伤才不会隐隐作痛。所以，男人会去寻找心爱的女人，组建幸福的家庭。

但当那根弱不禁风的肋骨彻底进化为具有独立人格的个体时；当她不再依附于他的身体与灵魂时；当她可以自由选择自己的人生与道路，甚至主动离开时；当她独自行走于世间，现世安稳，处事妥当时，女人不再是谁的附属，也不再是男人的一根肋骨，而成为一个有血有肉、真正独立的个体。

01 “夫贵妻荣”式的人身依附关系已过时

热播电视剧《我的前半生》改编自亦舒的同名小说，编剧将原著的人设、情节做了大幅度修改：小说里的子君放弃了抚养儿女，电视剧里的子君力争儿子的抚养权；小说里的子君对母亲漠然置之，对妹妹冷眼旁观，电视剧里的子君对母亲、妹妹，甚至妹夫都是雪中送炭、处处宽容；小说里的子君活出了独立，而电视剧里的子君落得很惨，起得很难，活得更加励志。

电视剧真实而残酷地呈现出听信丈夫山盟海誓的全职主妇在家庭和婚姻中所遭受的灭顶之灾，这是一部全职太太未雨绸缪的警醒录，也可以称之为一部“失婚史”。它细致入微地演绎出每一个历经凤凰涅槃、浴火重生的女人都会有的两次“生命”，一次为“前生”，代表她“夫贵妻荣”，却又“不堪回首”的过去；另一次为“今世”，彰显她“触底反弹”，终于“劫波渡尽”的当下。

剧中33岁的全职太太罗子君，婚后八年一直沉浸在“你负责貌美如花，我负责赚钱养家”那如梦如幻般的丈夫的誓言之中。吃穿用度有老公，日常生活有保姆，穿着动辄万元的高端定制，过着挥金如土的奢华生活，光鲜亮丽，保养得宜。唯一要做的事情便如她所说：“我现在需要斗争的只有两件事：一是日渐松弛的皮肤；二是老公身边花枝招展的小姑娘。”在外人看来，这是一个养尊处优，人生圆满，被幸运女神眷顾的幸福小女人。

然而，我们所看到的，只是众星拱月的美好一面，如果转过身去，就会显露出鲜为人知的另一面。正如马克·吐温所说："每个人都是月亮，总有一个阴暗面，让人永远都看不见。正面越亮，背面越暗，自古皆然。"所谓金玉其外，败絮其中正是如此，罗子君的经历绝非婚姻中的个案。

作为全职主妇，子君的生活重心全部押在了对丈夫的"严防死守"上。当她在试穿高端定制鞋，偶然间看到老公带着年轻姑娘去买项链时，顾不上自己穿着两只不同的鞋便跑上前去，一边在姑娘面前秀恩爱，一边话里话外问缘由。这种紧张的情绪不断在心中蔓延开来，甚至让闺蜜唐晶帮忙去调查女孩是什么来路，否则就会茶不思、饭不想，无法正常生活。

她的大惊失色、如临深渊并非反应过度，唐晶一针见血地道出其中真谛：对于全职主妇来说，老公出轨就等于天塌了。

草木皆兵的子君，看到公司的小姑娘脖子上戴着似曾相识的项链，不由分说地在大庭广众之下一把将项链薅了下来。被人骂没教养后，她会义正词严地为自己辩解："小姑娘，你还没有结婚吧？有一天你到了我的年纪，我的处境，你就会知道，相比你的婚姻和你的家庭，教养是完全不值一提的东西！"

"两利相权取其重，两害相权取其轻。"为了捍卫自己的婚姻和家庭，不让自家城门失守，罗子君宁愿丢弃一个女人的教养和尊严，满屏的哀怨令人不忍直视，就像她的独白："我自问为什么那么害怕被他抛弃，怕失去这个家，怕平儿成为单亲家庭的孩子，还有别的原因吗？我不知道怎么形容，好比你把一条鱼扔进沙漠，你说鱼怕不怕？这个家就是我的角斗场，要不胜者为王，要不血溅当场。"这样鱼死网破的决绝，听起来既惊心动魄，又寂寞悲凉。自己的身家性命完全无法由自己掌控，就算再如何高声呐喊，入到往日爱人的耳中不过是如泼妇般的歇斯底里和不可理喻。

然而子君如探照灯一般的高度戒备却仍是百密一疏，在她认为最没有威胁的人身上拉响了婚姻解体的前奏。面对闺蜜的再三提醒，她充耳不闻，反复强调着："他娶我的时候说，他养我一辈子的呀，叫我不要工作！"

就是这样的"夫贵妻荣"式的人身依附关系，让子君坚信老公对她说的话会天长地久，但她却不知道，所有的誓言都有它的前提条件，那就是：他爱你时，他愿意养你，可当他一字一句、斩钉截铁地说他已经不可救药地爱上了别人，你又该如何自处？是他毁约在先，是他不守承诺，但你用什么来奋力反击或全身而退呢？没有！

子君因为当初的全身心依附，造成了现在无路可退的悲惨局面。只能落寞感慨："气也解了，门也摔了，走也走了，那接下来呢？我拿什么扳回这一局？我连起码的自尊都没有，这一场赌局，陈俊生拉我进来的，本钱是他给的，现在他要把我踢出局，我拿什么留在赌桌上！"

在婚姻中，最惨烈悲壮的"死法"莫过于此，依附他人，放弃独立，失去自我，看人脸色，直至丢盔弃甲，全军覆没。女人一定要懂得“夫贵妻荣”式的人身依附关系已经过时，当你选择与社会脱节，主动放弃了事业这个主战场，又没有及时充实自己的修为和头脑，每天除了做一个“三等”女人，即等孩子放学，等老公下班，等电视剧开播，就是伸手要钱，装点门面，或者对丈夫严盯死查，日日盘问，捕风捉影，没完没了，看谁都像要跟她抢男人的第三者。当你真的发现了问题，开始“手撕”第三者时，就把自己的身价自动降低到和怨妇、泼妇同一个段位上了。

有些男人看上去很浪漫感性，其实骨子里很理性现实，他们需要的不仅是生活中的贤妻良母，还要有事业上的得力助手。张小娴曾说：“白马王子能把你带上马，也能把你扔下马，除非你自己有马，可以跟他齐头并进，或者，比他跑得更快。”因此，不要相信那些看上去很美的“夫贵妻荣”，女人不是男人身上的肋骨，男人也不是女人一劳永逸的依靠，婚姻更不是女人固若金汤的避风港。现实生活中佳偶天成、珠联璧合的爱情与婚姻大多都是棋逢对手、不相上下，只有这样的家庭才能让两个人在适合的土壤和环境中各自成长，彼此成就。

02 女人的安全感不来自丈夫

岁月会翻脸无情，爱情亦是如此。女人的容颜和身材都经不起时间的摧残和磨损，能够经受住岁月考验的，唯有你内在的学识与能力。一个女人，皮肤会衰老，但能力非但不会衰老，反而会随着岁月的积淀成为他人无法取代的生存利器。当你除了婚姻与家庭之外，还拥有自己不可替代的主战场，有工作或爱好带给你经济上的独立，有成就感或者价值感带给你人格上的独立，有不附属、不攀附、不将就带给你情感上的独立，这样一个“十八般武艺样样精通”的女人，绝不会将所有的安全感和幸福感都毫无保留地押注在一个人身上。

唯有这样，当一段感情恶化或婚姻结束时，才能做到既不会仰人鼻息，也不会逆来顺受，更不会害怕自己像流浪猫一样无家可归。正是这份“手中有粮，心中不慌”的底气，能够让女人做到“进可攻，退可守”，也唯有经济独立的女人，才能挺直腰杆，不再受制于人，更不会被人挟之在手，以这样进退自如、从容不迫的姿态更容易在婚姻和家庭中占据主动权和话语权。即使真的有一天失掉了婚姻，也不会诚惶诚恐，可以随时收拾起心情和满地狼藉，马上重新出发。

所有的自我掌控和超然洒脱都源于自身累积的资本，经济基础决定上层建筑，一旦经济不能自立，在爱情和婚姻上难免会忍气吞声。很多人格独立的女性以实现财务自由为第一要务，只有这样才有勇气和胆量直面人世间的腥风血雨和婚姻里的暗流涌动。

再优秀的女人，都有被辜负的可能。但如果你自信满满，内心强大，又有一技之长，在婚姻里便拥有了稳稳的安全感。这份安全感是来自于自己，且会永久相随。有了安全感的加持，会让女人活得像一棵树一般，只要自己愿意，就可以直冲云霄，正如舒婷笔下的木棉树，活出独立的自我。

舒婷的《致橡树》一直被当作新时期诗歌中女性意识觉醒的一个标志，以及新时期女性关于“伟大的爱情”的宣言。诗中以“木棉树”的口吻与“橡树”对话，使“木棉树”和“橡树”成为爱情诗的崭新意象，否定了传统“夫贵妻荣”的爱情意象。它是一只自由独立的爱情鸟，在飘摇沉闷的年代里迎风翱翔，它引领万千女性努力追求属于自己的“伟大的爱情”以及“生而为人”的态度和女子“于世独立”的方式。它是爱情诗，却绝非止步于爱情诗，它是对女性独立意识的思考与呼唤。

《致橡树》

我如果爱你——
绝不像攀援的凌霄花，
借你的高枝炫耀自己；
我如果爱你——
绝不学痴情的鸟儿，
为绿荫重复单调的歌曲；
也不止像泉源，
常年送来清凉的慰藉；
也不止像险峰，
增加你的高度，
衬托你的威仪。
甚至日光，
甚至春雨。

不，这些都还不够！
我必须是你近旁的一株木棉，
作为树的形象和你站在一起。
根，紧握在地下；
叶，相触在云里。
每一阵风过，
我们都互相致意，
但没有人，
听懂我们的言语。
你有你的铜枝铁干，
像刀，像剑，也像戟；
我有我红硕的花朵，
像沉重的叹息，
又像英勇的火炬。

我们分担寒潮、风雷、霹雳；
我们共享雾霭、流岚、虹霓。
仿佛永远分离，
却又终身相依。
这才是伟大的爱情，
坚贞就在这里：
爱——不仅爱你伟岸的身躯，
也爱你坚持的位置，
足下的土地。

How to Change Your Husband in 30 Days

改｜变｜秘｜籍

女人不是男人的肋骨，不是男人的附属，传统意义上的“夫贵妻荣”式的人身依附关系早已过时，而女人赖以生存的安全感，也不是来自那个对你海誓山盟的丈夫，而是来自自己强大的内心和不断的追求。女人要活出独立的姿态，这种独立包括经济和精神两个层面：经济独立可以减少对他人的依赖，精神独立可以拥有不可抵挡的个性魅力。当一个女人真正独立后，才能从容面对善变的人生。

维护关系，同声自然相应

第 7 天：爱他就要理解他

改变焦点：

目标：男人，“难人”也

原因：每个男人都背负着极大的工作压力和生活压力

焦虑：男人稍有懈怠就会被职场中的同事、下属超越或取代

歧途：因为妻子的不理解，使男人陷入左右两难的境地

真相：妻子的理解，对于丈夫来说弥足珍贵

杨绛先生仙逝后，在世时送给年轻人的九句话又在网络上再度大热。这九句话字字珠玑，是留给年轻人最宝贵的精神财富。关于爱情，杨绛先生的开篇十分幽默，“我是一位老人，净说些老话。对于时代，我是落伍者，没有什么良言贡献给现代婚姻。只是在物质至上的时代潮流下，想提醒年轻的朋友，男女结合最最重要的是感情，双方互相理解的程度。理解深才能互相欣赏、吸引、支持和鼓励，两情相悦。门当户对及其他，并不重要”。短短几句朴实言语，将先生的虚怀若谷展现得淋漓尽致。然而，细细品味，这些“老话”恰是金玉良言。

一位婚姻专家也曾说过：“男人喜欢漂亮时尚的女人，喜欢聪颖性感的女人，也喜欢温柔贤惠的女人，但在一个丈夫心里，最喜欢的还是那种善解人意的女人。因为婚姻离开了‘理解’二字就再也无法完美了。”显而易见，理解对于完美婚姻而言，是必不可少的重要因素。

01 女人的理解是男人的动力

我们经常会听到一些女人这样感慨：“做女人不容易，做个强女人更不容易。”其实，做男人也很不容易，男人，“难人”也。特别是当今社会，每个男人都背负着极大的工作压力和生活压力，稍有懈怠随时有可能会被职场中的同事、下属超越或取代，稍不努力就会面临着还不起房贷、车贷的困境，甚至连全家老小的生活都捉襟见肘。

所以，作为妻子，一定要理解丈夫的辛苦和苦衷，体谅丈夫的不易和艰辛。这对于你而言，也许只是花些许时间，站在丈夫的角度想一想，想想他的重担，想想他的事业，想想他的处境，想想他的感受。但对于你的丈夫来说，这一点就显得弥足珍贵，有了你的理解，他才会放下一切心理负担，毫无顾虑，轻松做事。妻子的理解对于丈夫又何尝不是一种激励和鼓舞呢？又何尝不是一种温情与关心呢？

瑞涵就是一个善解人意的好妻子。有一段时间，丈夫浩森为了扩展一家分公司，工作忙得不可开交，每天很晚才回家，到家后还要继续工作到深夜，周末也没正常的休息时间。因为他每晚都不能按时回家吃饭，既不能陪瑞涵聊天、做家务，也没有时间和精力再去顾及孩子的功课，家中的一切大小事务都落在瑞涵一个人的身上。

对此，浩森于心不安，满怀愧疚地对瑞涵说："亲爱的，实在对不起，我这段时间太忙了，没有精力顾及你和孩子。"瑞涵笑了笑说："没关系的，这不怪你，我知道现在是你事业发展的关键阶段，放心去做吧，家里有我呢！"听了瑞涵的话，浩森心中充满了感激，说："老婆，你真好！总是那么理解我！"

有了妻子的理解和支持，浩森心无杂念，全身心地投入到事业当中，在两年之内，他带领团队在全国范围内深耕细作，扩展了十余家分公司，事业可谓蒸蒸日上。

能娶到这样一位体谅丈夫的好妻子，哪个男人不心存感激呢？哪个男人不干劲十足呢？试想，如果瑞涵不是一个善解人意的女人，那她一定会抱怨浩森为了自己的事业而冷落了家庭，冷落了她和孩子，进而搞得丈夫情绪低落、疲惫不堪，使他既无法安下心来全力以赴地投入工作，也不能很好地照顾家庭，造成进退维谷、左右两难的局面。这不但会极大地影响到丈夫的事业，还可能会影响到夫妻的感情，这样损兵折将的结果是哪个女人都不愿看到的。

因此，有一个理解自己、支持自己的妻子，是一个男人对婚姻的最大需求，更是一个男人拼搏的最佳动力。理解丈夫，在丈夫的梦想上产生共鸣，与他分享喜悦、分担痛苦，是做一个好妻子的义务，也是在婚后进一步赢得丈夫青睐的基础。

02 理解男人就是一种爱

作为妻子，如果能把善解人意作为一生的必做功课，并将其融入自己的思想和言行中，不仅会获得完美的婚姻，还会在工作以及与他人交往过程中大受裨益。比如，丈夫辛苦、劳累了一天回到家里，一屁股坐到或躺在沙发上，或刷着手机，或看着电视，什么家务活都不干，妻子不要立刻发飙，应该换个角度想“丈夫需要休息”，并给他递上一杯饮料或一杯清茶，丈夫在面对妻子的关爱时，自然不会不理不睬。再比如，丈夫工作进展不顺利，或者平白受了上司的窝囊气，愁眉不展，就像霜打的茄子，回到家里动不动就想发脾气，把上班累积的怨气一股脑发泄出来，这时妻子就应该多容忍他几分，避免和丈夫拌嘴，而是要亲切地询问他事情的原委，静静地听他诉苦，并安慰他。又如，丈夫长时间出差在外，没时间回家看望父母，做妻子的可以抽出时间替他回老家看一看年迈的父母，为他解决后顾之忧。如果作为妻子能做到如此周全，有哪个男人会不对你又爱又敬呢？

文燕和丈夫小宇有一次回老家看望他的父母，回来时小宇对文燕说，由于不能总回家看望二老，他把身上带着的两千多元现金全都留给父母了。因为事先没有和文燕商量，小宇劝她不要往心里去。文燕听了既没有生气，也没有抱怨，而反过来安慰他说：“我能理解你的这份孝心，我们欠父母的太多了，永远都还不完，现在我们又不能整日守在他们身旁尽孝道，给这些钱是应该的，以后一旦有时间就要常回去看望他们。”听了妻子的这番话，丈夫开心地说：“看来是我多想了。”

夫妻之间，为了钱是给娘家花，还是给婆家花，怎么花、花多少而闹矛盾、生闷气的不在少数。有些女人对自己的父母一片孝心，时常会给他们购置物品，给些钱花，可一旦丈夫要提出给他的父母花钱时，她就会与丈夫斗嘴生气，各种不理解。殊不知，你的父母是父母，丈夫的父母也同样是父母，你有孝心一片，丈夫也要回报父母。所以，夫妻要想融洽相处，少生矛盾，就要学会换位思考，多站在丈夫的角度理解他。当你以一颗善解人意的心去体谅丈夫时，也许婚姻生活中的很多事情和所谓的矛盾都会迎刃而解，完全没必要因此而闹得不愉快，导致两个人产生隔阂和嫌隙。

妻子要用心去感受你的另一半，这样的感受，不仅仅要用你的眼睛、你的耳朵，更要用你对他的理解与信任，以及对他的真挚情感。既然他是你用“心”爱着的人，你对他的了解与理解都是合情合理且至关重要的。用心去理解你的另一半，既能协调好你们之间的相处方式，也能处理好你们之间的感情与婚姻。但有一点值得注意，这所有的理解与支持的前提是，你深爱的这个男人，要懂得回应与心存感激。

How to Change Your Husband in 30 Days

改 | 变 | 秘 | 籍

不能被他人理解是一件很痛苦的事情，但如果连与自己朝夕相处的人都不能理解自己，那更会让人感到苦不堪言。所以，当我们为一些鸡毛蒜皮与丈夫摩擦不断时，当丈夫一心扑在事业上而无暇顾及家人时，请给予他足够的理解与鼓励。在婚姻中，如果彼此能够懂得互相体谅，懂得换位思考，那么辛苦便不再是苦，再多的付出，也能甘之如饴。

第 8 天：对男人温柔以待

改变焦点：

目标：总是被横眉冷对的丈夫

原因：妻子过度强势，对丈夫不懂得温柔以待

焦虑：正在被自家男人一步步逼成泼妇

歧途：把自己变成一枚妥妥的“女汉子”

真相：男人都喜欢温柔似水的女人

一位婚恋专家曾发自肺腑地表示：“没有任何一个男人能逃出女人温柔的怀抱。”女性的柔情，对于男人而言，既是一种为之沉迷的美，也是一种能够被其征服的力量。因此，女人一定要把温柔渗入到生活的每一个角落，借助温柔的力量打造幸福的婚姻生活。

你结婚多久了？还保留了多少温柔？如果结婚以来，你的温柔丝毫未减，甚至有增无减，那么，有理由相信你的婚姻是和谐美好的，生活是幸福安康的，你的那个他也是加倍爱你的。

为什么可以这样判断呢？因为很多女人步入婚姻之后，

维护关系，同声自然相应

世上有哪个男人会喜欢对他吆五喝六的妻子呢？在他们眼中，这样的女人只能让人退避三舍，躲为上策。

每一位妻子都渴望能够长久留住丈夫的心，想要做到这一点，不能依靠蛮力，应学会温柔相待。所以，女人不要吝啬你的温柔，这是征服丈夫的心、永葆婚姻幸福的法则。

往日的温柔会渐渐被平淡无趣的婚姻逼得一路退让，直至全军覆没。进而，不少女人就被冠以“母夜叉”“河东狮吼”的霸气之名。婚后，琴棋书画诗酒花日渐消散，只剩下柴米油盐酱醋茶长久相伴，家中的繁杂琐事、钱财的进进出出、男人的不良嗜好、孩子的调皮捣蛋、矛盾的不断升级，以及自我空间的缺失及无人援助的窘境等，都会一点一滴地把女人曾经的温柔吞噬掉，面对这样无序又嘈杂的局面依然能温柔如初的女人，段位之高着实令人钦佩。

01 温柔与爱同频进退

在生活中，我们经常会听到一个男人对另一个男人说：“好羡慕你啊！你的妻子太温柔了！”可当想起自己的妻子时，男人立刻改变了话语：“唉，我家那位，稍不如她所愿，不是对我破口大骂，就是砸盆摔碗，甚至还会拳打脚踢，我现在对她是五体投地地‘拜服’，也不知当初怎么就五迷三道地娶了她。”由此可见，每个男人对温柔的女人都有着谜一般的爱恋，而对与温柔彻底绝缘的“母夜叉”却敬而生畏，最好的应对办法就是躲。

玉儿和丈夫结婚三年，一直过着别人向往的二人世界，没有孩子的“搅局”，日子本该云淡风轻、恩爱有加，谁知他们也在“三天一小吵，五天一大吵”的日常生活中彼此折磨着。这一天，因为一件“捅破天”的大事儿，两个人再起战火，最后玉儿以离家出走的戏码作为中场休息。

以往只要玉儿摔门而出，丈夫必然会紧随其后，可这次她独自在街上逛了三四个小时，老公居然没有任何动静，看来他的决裂之心已经大白于天下了——那就是因为第三者，丈夫要和玉儿离婚！只是这个出轨对象让玉儿无法接受，说出来简直就是打她的脸。那个第三者，不仅年龄大她五岁，在别人眼中，还是一个要身材没身材，要长相没长相，要事业没事业的“三无”人员，但就是这么一个相貌平平、普普通通的女人，居然成为她生命中的“拦路虎”，已经严重威胁到她的婚姻。

她实在想不明白这是为什么！在当今时代，男人出轨并不稀奇，但不管怎样，至少应该找一个比自己妻子更优秀的。可玉儿老公却要剑走偏锋，找了一个看起来各方面都不如玉儿的女人，还铁了心要离婚，这让玉儿不仅伤心欲绝，还颜面尽失。

但熟悉他们的朋友都不会过于埋怨和苛责她的老公，造成今天难以挽回的局面也有玉儿的原因。她是一个青春靓丽、性格泼辣、敢作敢为的女人，但这些优点发挥至另一面就会变成掐尖要强、性格强势、说一不二、得理不饶人。恋爱时，她也是动不动就发个小脾气，三天两头需要男朋友哄，她要的就是这种男人对她百依百顺、俯首称臣的感觉。恋爱时男友觉得小作怡情，结婚后老公渐渐没有耐心再哄。结婚三年多，她的脾气不但没改，反而愈演愈烈，又加上一条拈酸吃醋的毛病，在家里隔三岔五因为一点芝麻大小的事情，小则生气抱怨，重则大动干戈。

玉儿老公之所以做出这样令人大跌眼镜的选择，现在看来有被逼无奈的成分，似乎还会对他产生一丝同情与怜悯。

每个人都需要解压，整天除了在职场的高压下奔波，回到家，这个本应让人放松的避风港，却依然要继续高压作业，长此以往，任谁都会濒临崩溃，很可能会到外面寻求另一个温柔的港湾。

但当梦想回到现实，步入婚姻殿堂后，彼此间越来越熟悉，女人会发现自己的男人有越来越多的缺点暴露出来，这时摆在女人面前的有三种解决的方案，每一种方案都代表着人生不同的道路和轨迹。聪明的女人会善意地、有节制地提醒自己的丈夫，等到丈夫自己醒悟过来，并做出改变时，便会对其大加赞赏，给足男人面子，这种女人无疑最具智慧，虽然苦点、累点，但每天的日子都在向好的方向发展。另外一种女人会毫无顾忌地指出男人的缺点，督促改正，心是好的，却不懂策略，于是女人越来越强势，最后成为一枚妥妥的“女汉子”。剩下的第三条路，就是短平快地大吵大闹，吵到无法忍受，就分道扬镳。

02 温柔的女人最好命

一位朋友这样介绍他表哥和表嫂的婚姻：

表哥和表嫂结婚近10年，和很多平凡夫妻一样，过着平静的生活。尽管这是一个再普通不过的小家庭，但他们的小日子却过得有滋有味。这让左邻右舍和亲朋好友都羡慕不已。有一次，他向表哥、表嫂讨教婚姻幸福的秘诀。表哥得意地说：“是你嫂子的温柔把我彻底征服，这么温柔懂事的老婆我怎能不爱呢？你嫂子平时总是面带微笑，说起话来，声音甜美，对我更是百般体贴。即使产生矛盾时，也会不急不躁地与我沟通。”

接着，表哥就给他讲了一件生活中的小事：你嫂子在拥挤的地铁里打电话给我，她柔声细语地说：“老公，我已经在地铁上了。什么？你今晚又要加班啊？到几点？10点！那么晚，那你在单位下面的餐厅先吃点儿东西，别吃太油腻的，对身体不好。还有，天太热，别吃辣的，容易上火。少抽点烟，晚上你打车回来吧！快到家了告诉我，我到小区门口去接你。好的，我随便吃点儿就行，你放心吧。”

不久，领导决定不用加班了，我再打电话给她告之晚上回家吃饭，她高兴地说：“回来吃啊？不用加班啦！那太好了，你想吃点什么？我去买菜，没事儿，不麻烦，我在楼下超市买点就行，家里有豆角，再买点儿西红柿。什么？给你炒米饭，好的，蛋炒饭吧？没问题，水果就不买了，冰箱里还有半个西瓜，咱们就吃西瓜吧。嗯，行，我给你榨西瓜汁……好，老公路上小心，堵车也别着急，我做好饭，一边洗衣服一边等你回来。”

表哥在重复表嫂这些话时，脸上溢满了幸福之情。从两个再普通不过的家常电话便可以看出，表嫂的温柔是从骨子里流露出的一种温情。这种温情是一个女人真爱一个男人时，无法掩饰、自然而然地流露，而不是逢场作戏。这种温情是一种淡淡的味道，里面蕴含着女人的天性美，还包含着善良与宽容，理解和给予，它能够散发出一种绵绵的温柔气息，感染着身边的每一个人。

神话中，上天创造了男人和女人，男人阳刚，女人温柔，其意就是让他们以刚制柔，以柔克刚，刚柔相济，维系着世间的阴阳平衡。如果说男人和女人是一对欢喜冤家，那么，女人对付男人最行之有效的武器就是温柔。温柔的力量可以四两拨千斤，既束缚了男人的狂放不羁，又让他们心甘情愿地缴械投降，在温柔的浸润下，收敛锋芒，变得更加成熟可依。

其实，无论男女都渴望被需要、被认可、被重视。我们常说男人征服世界，女人征服男人。可见在很多非原则性问题上，没必要跟自家男人一争高下，你要做的就是用你的温柔、善良和柔情去打动他、感化他、温暖他。记得杨澜在采访宋丹丹后，在博客上写过一段话：女人在大事当前中表现出的坚强常常超过男性，但是如果事事好强，样样能干，却未必是爱情的福音。

How to Change Your Husband in 30 Days

改|变|秘|籍

温柔的女人是智慧女神的宠儿，在生活里，温柔的女人从不缺少智慧与灵性。女人温柔起来像一只纤纤细手，知冷知热，有缓有急，只要一次轻轻地抚摸，受伤的灵魂就会得到抚慰，昏睡的青春就能再次醒来，痛苦的呻吟也会变成幸福的鼾声。因此，请不要吝啬你的温柔，这是你征服丈夫的心、永葆婚姻幸福的法宝。用温柔去营造爱的氛围和甜美的生活，将婚姻进行到底，你就是最后的赢家。

第 9 天：令人沉迷其中的“女人味”

改变焦点：

目标：对女人味情有独钟的丈夫

原因：女人味是一个女人最特别的力量

焦虑：总担心日益衰老的容颜失去对丈夫的吸引力

歧途：脸蛋漂亮、身材火辣是女人味的必备条件

真相：女人味暗含了一种对女人由衷的赞美

女人味，静若清池，动如涟漪。形容一个女人的美丽，会有无数的赞誉之词可供选择。但最让女人觉得特别的一个词莫过于：女人味。

到底什么是女人味呢？一般人对女人味的理解就是漂亮、惊为天人、性感妩媚、风姿绰约，以及风情万种等。其实，一个女人可能生来漂亮，但却不一定具有女人味；一个女人也许相貌平平，但一举手一投足间的魅力却让人难以抗拒……这种并非来自外貌的美感就是女人味，足以勾起男人对女人的许多遐想。女人味这三个字，实际上暗含了一种对女人由衷的赞美。

01 男人眼中的女人味

“男人爱漂亮，女人爱潇洒”，这是人的本能。30岁之前的男人，看女人通常看脸蛋，五官长得漂亮的女生一般比较容易吸引他们的目光。但随着年龄的增长，男人看女人不再单纯的看外表是否漂亮，而是更注重整体的形象，以及是否具有女人味。

那么在男人眼中，究竟女人味是一个怎样的存在呢？我们不妨来看一看已婚男人对女人味是如何解读的。

第一位：朱先生，28岁，新婚

结婚之前，我也谈过好几任女朋友，每一任各有不同，都很有自己的个性。要说女人味，我感觉对于男人来说，女人漂亮的外表其实真的不管用，再漂亮的女人，看久了都会腻，最重要的还是性格。毕竟在朝夕相处中，性格不合就只能天天打架，生活一定不会幸福。所以说，性格好的女人最有女人味。什么样的女人才算性格好呢？应该是有自己的想法和目标，并能为之付诸实践，不会太黏男人，也不会太小气的女人，有这种女人味的女人，我比较喜欢和欣赏。

第二位：陈先生，34岁，结婚6年

男人年轻的时候都喜欢漂亮的女生，我老婆年轻时也很漂亮，当然，现在如果让她穿上时髦的衣服，化上艳丽的妆容，一出门的回头率也是不在话下。不过，我们家现在已有了两个宝宝，大宝5岁，二宝3岁，有两个宝宝的妈妈只会一天当成两天用，根本没有心思再去逛街，更不用说化妆了。我觉得，没结婚的时候，妆容精致、暗香浮动的女人最有女人味；结婚之后，身上随处散发着宝宝的奶粉味，或者童子尿骚味的女人，最具女人味，那种味道里满含着家与未来。

第三位：高先生，45岁，结婚16年

我老婆很胖，年轻的时候跟着我吃了很多苦，辛辛苦苦照顾孩子，为这个家付出了很多。在早些年，她病倒了，长期吃药打针，身体变得很虚弱，身材也变得很臃肿，可就算是这样，我觉得她还是很有女人味。她乐观幽默、积极向上，不管遇到多大的事情，都能一笑而过。有趣、可爱的女人最有味道，在我心里，她的分量从来没有减退过。

对于女人味的解读，一千个男人可以有一千种说法，从随机选出的几位不同年龄阶段的男人对女人味的解读可以看出，他们眼中的女人味会随着年龄的增长、生活阅历的增加而发生本质性的变化。大多数男人认为女人味是女人自带的一种温柔，是一种为他人着想的善意和慈悲，她们身材不一定火辣，脸蛋不一定漂亮，但重要的是带有对这个世界的爱，这是一个女人最特别的力量。

正如朱自清先生有过这样一段对女人味的描述：她如温柔的空气，如听箫声，如嗅玫瑰，如水的密，如烟的轻，笼罩着我们。她的一举步，一伸腰，一掠鬓，一转眼，都如蜜在流，风在漾……女人的微笑是半开的花朵，里面流溢着诗与画，还有无声的音乐。

02 生活中的女人味

曾有人这样说过：“做女人一定要有女人味，因为女人味是女人的魅力所在。女人没有女人味，就像鲜花失去香味，明月失去清辉。女人有味，三分漂亮可以增加到七分；女人无味，七分漂亮能降至三分。女人味，让女人向往，令男人沉醉。男人无一例外地会喜欢有味道的女人，而女人征服男人的，往往不是因为美丽，而是因为她的女人味。”

这句话所阐述出的因果关系像绕口令一般，可其间道理却是显而易见的，一个女人在爱情和婚姻走向失败时，一定会被男人冠以“性格不合”和“相处不来”两个大标签。所以，无论是恋爱，还是婚姻，真正能够吸引男人的是女人味，它是女人最有力的“驭夫之术”。

安然是一个姿色平平、才华并不出众的女人，站在人群中完全不显眼。但就是这样的一个女人却能让事业有成的丈夫义无反顾地爱着她，这确实让那些相貌出众、穿戴靓丽、趾高气扬的女人们心有不甘，不理解安然到底有什么看家本领。

一个周末，一位漂亮的女友到她家做客，一进门，就发现安然的家格外温馨，有一种说不出来的吸引力。只见安然穿着粉红色的家居服在厨房里哼着歌，那一阵阵饭香加上粉红的背影，总让人感觉到这个家中有一种特殊的温暖。每当她端上来一道菜时，就亲一下宝贝儿子，对丈夫甜蜜地一笑。客厅里悬挂着安然画的山水画，显示着女主人的悠然心境。一个粉红的背影飘来飘去，飘出了满屋的温馨。女友不禁想到自己像宿舍一样的家，再想到老公抱怨她做的饭菜像猪食，这一刻她终于看清了自己与安然的距离——一份女人味。

有人认为姣好的容貌，或动人心弦的可人媚态是女人味；有人认为风情万种、温柔贤淑是女人味；有人认为温和开朗、善解人意是女人味；还有人认为母性的光辉才是终极女人味……其实，女人味并不是一个单一的特征，而是能够发挥自己特点的女人自然而然散发出来的“独特味道”。

有人说：“外貌只能炫耀一时，真美方能百世不殒。”一个女人的真正魅力主要在于其特有的女人味，这种气质对同性和异性具有同样的吸引力，这是一种内在人格魅力的外在显现。

How to Change Your Husband in 30 Days

改｜变｜秘｜籍

“征服男人的不是女人的美丽，而是她的女人味。”女人味实在是一个只可意会、不可言传的模糊概念，其“味”字更耐人寻味。之所以称作“味”，是因为其中蕴含着一种自内而外“散发”的感觉，是一种慢慢感受到的韵味。

第 10 天：平淡中寻求浪漫

改变焦点：

目标：对妻子不冷不热的丈夫

原因：平淡的生活消磨了往日的浪漫与温馨

焦虑：失去浪漫点缀的婚姻成为食之无味、弃之可惜的鸡肋

歧途：总等着丈夫煞费苦心地为自己精心准备浪漫的戏码

真相：享受浪漫不是女人的专属，男人同样渴望被浪漫围绕

人们常说，女人天生就爱浪漫，其实男人也同样喜欢。也许他们并不懂得如何去浪漫，但在他们的内心却依然渴望浪漫的发生，而且他们更渴望拥有一个懂得浪漫、会制造情调的妻子。当女人自带浪漫光环时，眼眸中闪烁着那种敏感娇柔、渺若烟云的动情光芒，会让男人因此而倾心。当女人用这种眼神注视着男人时，对于男人来说，是无法抵御的致命诱惑。

然而，自古有云：入芝兰之室，久而不闻其香。再美好的事物，每天面对，也会归于平淡，不闻其香，不珍其贵，就如同我们的婚姻生活。在日复一日的平淡中，会让女人那颗原本浪漫的心失去活力，变得平实而乏味，不再注重情趣，也不再

有花前月下。一成不变的生活中，浪漫的情怀早已不见踪影。

但丈夫需要的不仅是穿衣吃饭，有时更需要一种浪漫和情调，为每天穿梭在“枪林弹雨”和城市水泥丛林之间的紧张生活增加一抹亮眼的色彩。这色彩可以是来自于妻子的一句应时应景的暖心话语，也可以是一顿精心烹饪的烛光晚餐，还可以是一件亲手制作的神秘礼物，更可以是一张表达爱意的日常便条，总之这些浪漫因素极具专属性，是走心的“高端定制”，当听到或看到它，就会不自觉地让丈夫想起因它而产生的美好。所以，聪明的妻子应该懂得不仅要享受和珍惜浪漫，更要为爱情和婚姻创造浪漫。

01 用浪漫调浓彼此的情感

爱是一种能力，浪漫是一种技巧，人生而有爱，但并非人人都懂得浪漫，于是，那些懂得爱也懂得浪漫的妻子在生活中就会散发出一种不一样的光芒与情怀，深深吸引着骨子里同样热衷于浪漫的男人。

浪漫是从环境到身心，让这份情怀感染到两个人，它需要一个人的引导力和另一个人的感知力。其实，在平淡琐碎的生活里，每一个角落都隐藏着浪漫的种子，等待着有心人随时去灌溉与培育，待到花开满院时为己所用。浪漫不是只为讨得对方欢心的刻意做法，而是让双方都能产生愉悦的情感交流，它不在于一味地追求与模仿，而在于用心地挥洒与渗透。

女人结婚多年，老公是一家公司的财务总监，她是一家晚报的记者，孩子上小学三年级。平时两人都忙于工作，总是聚少离多，但她总能给老公带来一份温馨和浪漫的感觉。有时，她会提前在一个景色优美的度假村订一套房间，和老公一起享受一个远离闹市、温情缠绵的夜晚。

圣诞节的前一天，是老公的生日。她早上先拜托父母晚上到学校接孩子，并让儿子留宿在父母家一晚，给他们留出短暂的二人世界。之后订了一束鲜花送到了他的办公室，然后打电话告诉他，晚上会给他一个意外的惊喜，她温柔的语调总会让老公产生怦然心动的感觉。

下班后，老公推开家门，室内烛光点点，音乐绕梁，是他最爱的《爱之梦》，伴着充满了梦想与期盼、回忆与柔情的钢琴曲，温馨的家和眼前的一切仿佛轻轻袅袅地化作一幅幅沙画，滑过耳郭，钻进男人的心间。他发现呈现在自己面前的不仅仅是一首简单的钢琴曲和营造出的浪漫气息，而是实实在在的生活，是往日那一幕幕动人画面的情景再现。在如梦幻般的柔情里，他看着自己的妻子端起了一杯红酒，含情脉脉地说道："感谢上苍把你赐给了我，让我们永远都这样恩爱如初。"

看着双颊绯红的妻子，老公的心中充满了满足和幸福，恍然间又回到了初恋的感觉。

事实上，无论老公离她多远，无论遇到什么样的"红粉"诱惑，在他心中，永远敌不过家中的妻子。事业有成的老公常会满脸得意地对别人说："虽然我们结婚已久，但老婆总会不定期给我带来一个又一个惊喜，这让我总感觉我们现在还在度蜜月。"

爱情中的浪漫就像一组男女声二重唱，有应有和的歌声才会更加悦耳动听。若一方热情似火，另一方无动于衷，再美的浪漫也会渐渐消散。女人以一颗有情致的心给予男人专属的浪漫，男人则以一颗感恩的心欣然接受，并为女人如此用心而深感自豪，并暗下决心，无论怎样，都要爱她一辈子，其实这就是一种最圆满、最上乘的给予与接受，很好地实现了正向的闭环与循环。

02 用浪漫挽回失落的爱情

一天，佩姗和作为心理咨询师的闺蜜聊天，整整一个下午她都处于吐槽状态中，所有婚后几年夫妻间该出现的问题在她身上基本全中，琐事一堆、浪漫全无，兼顾工作与家庭让佩姗觉得不堪重负，不仅身体上疲惫不已，心理上也是荒芜如沙漠，曾经对她百依百顺的丈夫，现在对她也是不冷不热，两个人的交流就是有事说事，没事归零。闺蜜就这样一直充当着她的情绪“垃圾桶”和倾听者，最后佩姗稍显轻松地说：“跟你说了这么久，心里感觉舒服了一些，只是我现在这个有如鸡肋的婚姻该怎么处理呢？怎么能让老公对我热情一点，浪漫一点，否则，真的觉得再坚持下去也毫无意义了！”

闺蜜听到佩姗的问题，知道她的倾诉告一段落，该适时给她一些建议了，“你们结婚六七年了，除了你刚才说的那些不愉快，你们之间还有其他互动吗？比如拥抱或牵手？”

“整天回家就得抱孩子，谁有时间抱他啊！再说了，都快‘七年之痒’了，早就没有拥抱的热情了。”佩姗大大咧咧地回答着。

“那你平时是赞美或夸奖你老公多，还是指责或埋怨他的时候多？特殊纪念日时会彼此送礼物吗？”

“肯定是指责和埋怨多啊，他有太多让我觉得不满意的地方了，就像上周六是我生日，我就想看看他到底是否还记得，结果一直到晚上睡觉他都没想起来，唉，你说这日子过得多悲哀，我忍无可忍拿着手机给他看各个银行给我发的祝福短信，本想刺激一下他，结果人家直接说，那些都是到日子自动发出的，没有任何意义……”

闺蜜听到这不由得笑出声，说：“男人生来就是粗枝大叶的生物，婚前那些小心思、小细腻只是暂时的小宇宙爆发而已。我们作为女人，作为妻子，也要适时给他们制造一些生活上的浪漫，维系两个人之间的感情。”

闺蜜接着说道：“我们很多人的婚姻都会随着时间的推移而趋于平淡，有些夫妻就因为这磨人心智的琐碎和平淡而选择离婚，但这种选择显然不适合所有人，也不是解决问题的根本。走进婚姻必然要经历平淡的过程，婚姻平淡了就不能好好相爱吗？就感受不到浪漫了吗？肯定不是，平淡不是婚姻的错，也许只是我们过错了生活。如果哪位‘大师’告诉你婚姻一直都应该是浪漫而美好的，那他一定是骗子；但如果有人说，婚姻就应该是在平平淡淡中去经营浪漫和美好，那我一定相信。

“你说你老公一点都不浪漫，其实他不浪漫并不影响我们自己，爱情的浪漫不是等着对方每天煞费苦心为我们精心准备什么，而是要靠我们自己用心把生活过得浪漫精彩，从自己做起，去影响他人。想想我刚才给你提的几个问题，就知道该怎样去改善了，像牵手和拥抱这种小事，如果很久没做了，就尝试去做，只要你愿意，你老公一定不会拒绝你！坚持一段时间，你会发现亲密关系中的肢体接触是一种最浪漫的行为，具有爱的疗愈作用，也许恋爱时那种触电的感觉还会再次被点燃！

“还有，你对他的赞美与夸奖其实也是生活中的浪漫举动，让他能感觉到你随时在关心和关注他，看着简单的一句话也许会给他莫大的鼓励和欣慰，让他感觉为这个家做的一切都是值得的。至于送礼物，其实没有想象中的那么费心，也不一定都需要花钱，一张自己制作的爱心卡片，上面写上自己这段时间的心里话，可能会收到意想不到的效果。

“平时大家工作都很忙，但忙里偷闲地抽出两三个小时的时间肯定还是可以的，两个人安顿好孩子，像恋爱时那样，一起约个会，吃个饭，看个电影，至于干什么都不重要，重要的是两个人的独处，千万不要小看单独相处的威力，就像被说烂的那句话，陪伴就是最长情的告白。”

佩姗听着闺蜜给她的建议，脸上终于由阴转多云，再由多云转晴，紧皱的眉头也慢慢舒展开来……

很多夫妻的状态就像佩姗闺蜜所说，在度过了或长或短的爱情保鲜期后，就渐渐步入到漫长的平淡无奇的生活中，他们甚至认为这是理所当然或不可避免的归路，两个曾经相爱的人变得只是在一起“生活”着，似乎找不到令人感到浪漫和幸福的点，如果任由这种情况野蛮生长，婚姻会由不温不火、不冷不热一步步走向终点，使亲密与激情、唯美与浪漫彻底沦为历史名词。其实，这才是夫妻关系的最大危机，所以夫妻，特别是女人需要经常创造浪漫时刻为爱情加温，寻回最初爱情的温度。

浪漫其实是对平淡生活的最大敬意，都说婚姻需要仪式感才能长久，而浪漫就是婚姻最高的仪式感，而这个仪式感有时并不需要高额的花销，也不需要费心的设计，就是做一些常人看来没有必要的事情，说一些没有必要的“废话”，比如，每天出门前给丈夫一个深情的拥抱，一起散步时自然地牵起丈夫的手，每晚睡觉前为丈夫揉一揉疲惫的双肩、拍一拍沉重的后背，就是这样不起眼的小举动，就能将浪漫发挥到极致，将感情经营至长久。

How to Change Your Husband in 30 Days

改 | 变 | 秘 | 籍

爱浪漫是女人的天性，如果有爱与情调做伴，那就会给浪漫插上一双有力的翅膀。浪漫是一种纯真的心态，也是一种对生活的热情。只有当你热烈地付出爱时，它才会翩然而至，这样的浪漫清纯、甘美。两个人，一辈子，你身边有我，我身边有你，三餐四季，细水长流的浪漫，此生足矣！

第11天：用幽默俘获丈夫的心

改变焦点：

目标：缺乏幽默感的生活

原因：男人把幽默和美丽放在同等重要的位置

焦虑：没有幽默点缀的生活了无生趣

歧途：认为美丽的外表是俘获男人心的唯一武器

真相：幽默能使爱情长久保鲜，使婚姻富有生机

人们常说：有趣的灵魂万里挑一。婚姻是相守一生的承诺，平凡却不平庸，简单却不单调。幽默的女人就像阳光一样，散发着魅力与热量。幽默不仅是一种令人发笑且意味深长的语言表达方式，还是一个人内在修养的外在表现，更是一种高境界的生活艺术。

01 男人对幽默的女人情有独钟

幽默的女人大多善良可爱，充满亲和力，善于交际，不知不觉间就在笑声中拉近了与他人的关系。她们还会运用幽默来缓解他人的紧张情绪，恰到好处地调节着整个氛围，只要有她们在场，不必担心尴尬，每个人都能在其带动下很好地融入

其中。

因此，很多男人对幽默的女人情有独钟，甚至把幽默和美丽、性感放到同等重要的位置。幽默的女人就像一颗闪亮的钻石，无论隐藏在哪里，都会闪烁出耀眼的光芒。幽默的女人内心是平静而清净的，她们善于从生活的细微处获取快乐，无论是在幽默中洋溢着幸福的女人，还是在幸福中风趣的女人，都是丈夫眼中的“极品女人”。

沐秋相貌平平，走在大街上并不引人注目，但周围的同事和朋友都愿意与她交好，因为她有一双发现美的眼睛，总能看到生活中的开心事，给人带去意想不到的快乐。沐秋身上似乎有一种魔力，能让大家感到轻松、愉快。沐秋的丈夫一直将她宠成宝。

一天晚上，丈夫因临时加班，很晚还没有回家，沐秋留了一张便笺在桌上，就先去休息了。等丈夫回到家，看到餐桌上的便条，上面写着一行娟秀的小字：“饭菜在微波炉里，啤酒在冰箱里，我在床上。”劳累了一天的老公看到这张幽默俏皮的字条不禁哑然失笑，一身的疲惫都被这句温馨可爱的留言驱赶得烟消云散。

一次，沐秋和丈夫一起讨论公司的一个项目，正当两人因意见不同而争得面红耳赤时，老公有些意气用事地说：“你又没做过项目，所以你没有资格和我讨论，请你闭嘴，别再说了！”沐秋先是一愣，然后不急不恼地说：“是，我承认我没做过项目，但这并不代表我不了解啊。你想想，虽然我没生过鸡蛋，但是对于鸡蛋的味道，我可比母鸡懂多了！”一句话说完，丈夫扑哧一声笑出来。因为争论带来的不快也顷刻间化为乌有。

沐秋就是利用幽默这个超级武器，使老公对她青睐有加。她在与丈夫谈话中，总能抓住问题的重点，轻易接住对方抛来的梗，一来一回，一问一答间，让男人为她的妙语连珠拍手叫好。虽然她貌不惊人，却依然能让自己周身散发出迷人的智慧光环。

幽默是鲜活而生动的，极富感染力，我们会因为一个女人的长相而对她印象深刻，却会为一个女人幽默的灵魂而想与她接触。幽默是高级的表现，每天面对同一张美丽的面容总会有审美疲劳的时候，但是面对着一个幽默的灵魂却永远不会有枯燥的时候，它会不断给你创造新鲜感，创造美，这也是大部分人生活中缺少的东西。

02 如何成为丈夫眼中的幽默女人

曾有人把幽默作为一种评判人格魅力的指数，一个女人如果具备幽默的特质，不仅能在言谈话语中增加自己的魅力，还能为周围的人营造和谐愉悦的氛围。幽默的女人往往通过会心一笑就可以消除人际间的陌生与隔阂，联结人与人之间的情感，增进彼此的相互信任。

一个幽默的妻子能为日趋平淡的婚后生活带来“万物有情，风情万种”的幽默情调，让奔波劳累一整天的丈夫回到家，就能拥有轻松快乐的心情。那么，怎样做才能成为一个具备人格魅力的幽默女人呢？

第一，幽默是智慧的表现，是从内而外渗出的学识与教养。一个人只有在丰富知识的基础上审时度势，才能做到谈资丰富、妙言成趣。因为很多“笑点”都有时效性，只有与时俱进的人，才能领会并运用其中的幽默深意。所以，培养幽默感需要不断地自我充实与成长，从知识中找到幽默的真谛与源泉。

第二，培养敏锐的洞察力是提高幽默感的一个重要渠道。面对问题时，只有迅速地透过现象捕捉到事物的本质，再把恰当的比喻、风趣的语言、轻松的方式有效融合，才能产生幽默的效果。同时在处理问题时要注意灵活性，不同问题要不同对待，做到幽默而不低俗，使幽默成为“俘获”男人心的秘密武器。

第三，幽默是一种宽容精神的体现。要想表现出幽默，就要善解人意、体谅他人、雍容大度，同时还要乐观向上，让生活多一点趣味和轻松，多一点笑容和阳光，多一份乐观与幽默。远离斤斤计较、愁眉苦脸、忧心忡忡那些与幽默绝缘的负面情绪与能量。

第四，幽默的禁忌。有人说过：不懂得开玩笑的人，是没有希望的人。可见幽默在生活中多么重要，但是幽默也有三大禁忌：首先，不能拿别人当笑话，嘲笑他人不是幽默，而是伤害。其次，适可而止的幽默最合时宜，不要一直搞笑下去，要懂得恰到好处。再次，要注意时机、场合和对象，应高雅，不粗俗。

幽默是一项“男女通吃”的高段位技能，将幽默运用得宜的女人必定才气过人、底蕴深厚、品位不俗。因为欲求幽默，必先有深远之心境，不扭捏做作，淡然超脱，率性而为。在通向幽默的道路上，女人可以选择阅读、旅行或研究艺术等途径，让自己姿态放松地寻求到最适合自己的一种方式。

How to Change Your Husband in 30 Days

改|变|秘|籍

幽默的女人就像是一幅藏宝图，男人可以乐此不疲地挖掘隐藏的宝藏，破译其身上的谜团。她们在让自己过得舒适又惬意，且找到最好姿态放飞自我的同时，还能够为爱人带来欢声笑语，缓解巨大压力。当个灵魂有香气的幽默女人吧，你的人生不会因此而留有遗憾。

第 12 天：10 分钟的“枕边风”

改变焦点：

目标：与妻子“零交流”的丈夫

原因：对对方的一切都习以为常，缺乏沟通

焦虑：“零交流”婚姻没有了温情与感恩

歧途：回到家，各忙各的，完全无视彼此的存在

真相：每天 10 分钟的“枕边风”，化解“零交流”婚姻之毒

关于婚姻，有着“一年之守，三年之痛，五年之离，七年之痒，十年之约”的说法。岁月消磨了时光，当芳华已逝，青春不再，爱情的新鲜感和神秘感被平淡的生活日渐磨损直至荡然无存时，曾经相爱的彼此对对方发生的一切都习以为常时，两人便丧失了沟通的欲望和动力。然而沟通是人类的基本需求，一般情况下，女性对沟通的需求明显更大，有专家曾说男人一天只想说7000 个字，而女性一天想说30000 个字。

据《中国青年报》一项有2750 人参与的问卷调查显示：83.1% 的受访者坦言自己患有不同程度的“下班沉默症”，即上班时侃侃而谈，回到家沉默不语，上班时和下班时判若两人。英国一项调查显示：1/4的夫妇每天的交谈时间不足10分钟。他们生活在同一屋檐下，却少有交流。比起夫妻，更像两个合租的陌生人。他们把热情洋溢、温柔随和的一面全部奉献给外人，留下漠不关心、冷若冰霜的一面给相濡以沫的爱人。

这种婚姻相处模式不仅容易造成伴侣婚内出轨，还对双方的身体和心灵是无情的摧残。对方不是敌人，可以肆意攻击，也不是陌生人，可以视而不见，这个人是与你朝夕相处、同床共枕的枕边人。

01 远离零交流

人气很高的访谈节目《透明人》中有一期邀请到一位离婚律师，她曾处理过400余起离婚案件。她说，现在的婚姻，已从七年之痒，变成了三年之痒。一段婚姻，从前的恩爱期是七年，而如今的恩爱期，已经缩到短短三年。结婚之前，他们是陌生人；结婚之后，他们是夫妻；但结婚三年之后，他们很可能变成了仇人。

双方不再沟通是造成这种局面的罪魁祸首，沟通不只是语言，还包括身体的交流。很多夫妻自从结婚后，慢慢就很少再有牵手、拥抱等肢体接触，对于很多亲昵浪漫的举动直接略过，只把婚姻当成一个生儿育女的必备流程。结果两人从身体到灵魂都渐行渐远，不再吵架，不再说话，彻底而决绝地进入到“零交流”婚姻的“领地”。

曾看过专栏作家桌子讲的一个故事，一个妻子在打扫卫生的时候，捡到了丈夫不慎掉落的录音笔。录音笔一直处于开启状态，录下了她和丈夫两个人在家里的对话。妻子很好奇，打开录音笔一听究竟。

妻子从里面听到了开关门的声音，做饭的声音，打哈欠的声音，开关电视的声音，椅子拖动的声音，甚至是和快递员对话的声音，却很少听到两个人的交流声。

其间，妻子也试图和丈夫聊天，但所有的问话都被丈夫用“嗯，哦，是吗，好的”几个词一带而过，随后，又是一大片留白，整个家，大多时候都呈现出死一般的寂静。

几天后，妻子实在忍受不了这种令人抓狂的安静，她问丈夫：“你听到什么声音了没有？”

丈夫说：“什么声音啊？”

妻子流着泪说：“就是什么声音都没有，好安静啊！”

这样的场景是很多人婚姻生活的现实写照：“零交流”，回到家，你玩你的手机，我看我的电视；你玩你的游戏，我追我的韩剧。即使坐在同一张沙发上，也在完全不同的两个世界；即使躺在同一张床上，床中间也像隔了浩瀚的太平洋。尽管空间距离无比接近，但精神距离却相隔十万八千里。

有人说，感情不和的夫妻，唯一的交流就是吵架，但这只是开端，吵架也会吵出两个完全不同的结果，一个是越吵越融洽和谐，两个人在吵架过程中，亲密关系也会随之呈现出螺旋式上升的态势，就像生活中那些吵吵闹闹的夫妻，最后反而风雨同舟走过了金婚，这是吵架的最高境界；另一个结果就是两个人吵到最后，连吵架的欲望都没有了，说话对他们而言不是发泄，而是折磨，这种无话可说的“零交流”婚姻，最终大多以离婚收场，或者多以孩子为纽带，坚持维系着空壳婚姻。

后者的相处模式在夫妻中多如牛毛，夫妻双方缺少或基本不交流，过着井水不犯河水的生活。在这场婚姻大戏中，每天上演着各自的独角戏，或许也能相安无事地过一辈子，只是这样的一辈子，早已丧失了婚姻存在的真实意义，没有了温情与感恩，剩下的唯有无奈与心酸，这份寂寥在心中晕染开来，成为阳光永远无法抵达的阴霾角落。

正如“唐代四大女诗人”之一的李冶所写的“至亲至疏夫妻”，夫妻既可以生死与共、相濡以沫，也可以形同陌路、视而不见，是亲是疏全凭两个人的选择。有人曾说：“如果夫妻之间连基本的交流都没有，那你只是孩子他妈，他只是孩子他爸。你不是他妻子，他也不是你丈夫。”夫妻间只依靠孩子来维系那仅存的关系与身份，不得不说是一种深入骨髓的悲凉。

02 每天10分钟的“枕边风”

要想打破“零交流”婚姻的僵局，唯一的办法就是恢复交流，走出“交流昏迷”的怪圈。在这个信息时代，你可以“秒回”一个千里之外的人的信息，却要让你身边最亲密的爱人受“轮回”之苦。人们总认为爱人离自己最近，于是，便抱着一副无所谓的态度，殊不知，在亲密关系中，唯有灵魂的沟通与融合才是爱情长久的秘籍。这一切的前提是彼此之间心与心的共鸣与碰撞，两个人经常性的交流以及适时的深度沟通。

“面对当今社会越来越快的工作节奏和越来越大的工作压力，谁都无法幸免于此。”结婚三年多的书菡说：“沟通不是难题，最大的问题是内心没有以前那样轻松愉快。现在做任何事情追求的都是高效率，包括交流，简短、快速地达到预期目标，在工作中要想保持一副岁月静好的模样，只会被淘汰出局。”

书菡老公所处的行业是典型的“996”工作制，即早上9点上班，晚上9点下班，中午和傍晚各休息1小时或者不到1小时，总计每天工作10小时以上，并且一周工作6天，它代表着互联网企业盛行的加班文化。“我和他在一起的时间远远没有和同事的长，工作日每天能醒着见上半个小时就算很不错了，有些时候都是我睡下了，他还未归。第二天一早为了让他争分夺秒多休息一会儿，真是不忍心将他叫醒，只要睁开眼的那一刻，就意味着吹响新一天的集结号。有一段时间我们只能在半夜时分，两个人各抱一个被角，说一说‘枕边话’。夫妻间小声密谈，看起来很甜蜜，可后果是哪天聊到兴头上，隔天一定会有人上班迟到。”书菡哭笑不得却又无可奈何地说。

没有大段安静的畅聊时间，那就只能紧紧抓住属于两个人的黄金交流期。书菡发现，夫妻之间有两个最关键的沟通时间。“其实，它们也就是每天短短的10分钟而已，而且还被一分为二。早上5分钟就是每天你们睁开眼，但还没有起床的5分钟；晚上5分钟就是一天忙完，两个人睡觉前的5分钟。相对来说晚上5分钟会感觉更轻松一些，稍有延长也未尝不可。”书菡说，“一般这10分钟时间，我们只用来分享一些令人开心的事情，不然一整天大家的心情都会因此而变得沉重，影响家庭氛围和工作质量。当然，谁都会遇到困难和坎坷，我们会将它们先记下来，等到周末，集中把这一周需要沟通的问题放一起慢慢交流解决。”

书菡与老公这种见缝插针的沟通方式，对于双双身处职场的夫妻来说，是一个切实可行的选择。每天10分钟的“枕边风”可以有效打破“零交流”婚姻的束缚，进而将这个好的破冰开端延伸到更为广泛的空间范围。

真正的爱是两个人共同成长，它需要以交流作为依托。幸福的夫妻生活需要共创，多在家庭生活中安排一些娱乐活动和交流情感的对话，不仅是巩固和发展夫妻关系的需要，同时也是对繁忙、紧张工作的调剂，从“零交流”的婚姻中解脱出来，以旺盛的精力和充沛的体力继续工作与学习。

不要再让我们的爱琢磨不透，给彼此一些时间与空间将爱释放，那时我们将会真切地感受到，曾经以为遥不可及的幸福原来一直就在手边，不曾远离！

How to Change Your Husband in 30 Days

改 | 变 | 秘 | 籍

“口善应对，自觉喜乐；话合其时，何等美好。”婚后感情的维系并没有大家想象的那样艰难复杂，有了恋爱时的感情基础，婚后，我们所需要交流付出的其实很简单，一个眼神，一个拥抱，一个亲吻，以及每天10分钟的“枕边风”，说一些充满真挚感情的话语，这能消耗你多少时间与精力呢？当彼此间毫无保留地倾诉后，就会明白，你所得到的将是几十倍甚至上百倍的回报，有什么比婚姻幸福更让人感到惬意而幸福的呢！

用心打磨，培养出好丈夫

第 13 天：别让丈夫成为“甩手掌柜”

改变焦点：

目标：“甩手掌柜”——丈夫

原因：妻子对丈夫在做家务上过于挑剔

焦虑：妻子做的事情越来越多，心情也更郁闷

歧途：丈夫成为“甩手掌柜”，妻子成为“无敌金刚”

真相：不是丈夫不行，而是妻子不让

中国几千年男主外女主内的传统思想，对很多家庭都有着根深蒂固的影响。我们在成长环境中，从小耳濡目染的就是爸爸在外辛勤工作，妈妈只负责在家收拾家务的传统模式。这种传统的定位和分工，让男人把做家务这件事与自己划清了界限。而很多女人从小就被教导长大后要扮演好“上得厅堂，下得厨房”的妻子和母亲的角色，所以当她们从原生家庭进入到自组家庭时，会有从天堂直落到地狱的感觉。本来在原生家庭是一个快乐无忧的女儿，一旦步入婚姻，成为妻子，成为母亲，不管是家人，还是公婆对她的要求，甚至是自己对自己的要求，都使她的人生一下子从彩色变成了黑白。

01 “甩手掌柜”的成因

男人在变为“甩手掌柜”的过程中有传统思想的毒害，也有女人的助力。现在很多女性的社会地位和承担角色较之以往有了翻天覆地的变化，不再是单一的主内，而是内与外同时并行。在外边，女人被赋予了与男人无二的权利，成为“所向披靡”的职场女精英，和丈夫共同承担起养家糊口的重任。回到家，迅速切换为家庭主妇模式，依然肩负着洗衣做饭的责任。

有很多妻子因为担心丈夫干家务、带孩子会犯错，而不让其承担责任，自己独当一面，大包大揽，鞠躬尽瘁。每天早上一睁眼就是孩子、丈夫、家务、工作和老人，家里家外几座大山压在身上，没有任何喘息的余地。她们一边抱怨丈夫在家里什么都不做，又一边对丈夫做的事情吹毛求疵，慢慢地就会发现自己回到家中要做的事情越来越多，需要丈夫做的事情却越来越少，心理学把这种现象称为“固守母职”。最后导致的结果就是：妻子事必躬亲，丈夫成为“甩手掌柜”，妻子成为“无敌金刚”兼“怨妇附体”，婚姻成为“丧偶式婚姻”。

这样悲惨的结局在很大程度上都源自于女人过强的控制欲和挑剔感，在无形中直接打击了丈夫分担家务的积极性。曾听到一位男性朋友对老婆的吐槽，他说：“我老婆自从结婚以后，好像就有了洁癖，得了强迫症，我在家里干什么她都看不上，擦个地，她嫌擦的程序不对，应该先扫再擦；洗个菜，她说我洗得不干净；刷个碗，说我既浪费水，又浪费洗洁精，还弄得厨房一片狼藉；洗个衣服，说我把深浅色衣服放到一起，都洗染色了；带个娃，说我笨手笨脚，总把娃弄哭……所以，我现在干脆什么都不参与，什么也不干，这样她也就是抱怨我不干活，可是干了，就会产生更多的矛盾和争吵，两者相比取其轻，我还是躲远点最安全。”

在这样的局面下，他吃力不讨好，就不会再干；你越干越多，变成理所应当，到底错在哪方？生活中我们总会见到这样的现象，有些女人过于能干，能干到不需要男人，但是她们却一边辛苦劳作，一边责备男人的不作为，因为干得太多，心里自然会不平衡。而当男人尝试着想要为女人分担时，女人却总是看不上男人的所作所为。偶尔想要进厨房体贴一下女人，可是当男人把厨房弄得一团糟的时候，女人会一把抢过男人手里的活，满脸的不屑与嫌弃，男人被女人骂得一文不值，兴致立刻消失殆尽，狼狈地逃出厨房，从此暗暗发誓：既然嫌我干得不好，那你就活该累“死”！所以，“甩手掌柜”的角色不是丈夫一个人创造出的。

02 允许丈夫去犯错

在职场，亲力亲为是领导大忌，懂得“垂拱而治”，充分调动下属的主观能动性，合理安排工作，形成团队协作，才能够聚沙成塔，集腋成裘。这样的领导艺术，在我们的婚姻生活中也同样适用。

一个有能力的妻子，并不是自己一个人把家里的所有事情都办得妥帖周到，天衣无缝，而要能够让家里的每个成员都恰如其分地动起来，允许家人在做的过程中犯错，因为只有自己做过，才会知道如何做好。渐渐地，既能在做家务中找到乐趣，又能增强家庭的凝聚力，提升夫妻的幸福感。

加拿大研究人员曾对近五万名夫妻的生活状态进行了问卷调查，结果发现，那些共同分担家务的夫妻比仅由妻子或丈夫做家务的夫妻更为快乐，而且据研究人员推算，夫妻间快乐生活的最理想状态是两个人中任何一个人都不要承担超过60%的家务活。

可是在我们身边，真的有太多女人就是不能容忍丈夫在干家务活时犯错，只有事必躬亲才觉得更加踏实。于是就出现了太多想要帮忙却无从下手，或是下了手反被无情嫌弃的男人。

很多女人，看着丈夫干活，一百个不放心，为了不让丈夫犯错，亲自上阵，看着丈夫在自己的慢慢打磨下变成了“甩手掌柜”，却又心有不甘，牢骚满腹。

同一年龄阶段的女人大多比男人要略显成熟，这样的成熟本可以让妻子成为丈夫的帮助者和支持者。但大多数妻子却没有很好地运用自己的成熟，没有成为丈夫的帮助者，而直接成为丈夫的替代者，甚至是领导者，这样的状况长久持续下去就会导致一系列后遗症的出现。女人在家中越来越强势，男人越来越被边缘化，特别是在孩子出生以后日趋明显，“为母则刚”会把夫妻间的差距越拉越大。

有很多妈妈都曾经尝试过让爸爸帮忙带孩子，但在带娃过程中，她们发现爸爸们做什么都是颠三倒四，不会换尿布，不会冲奶粉，不会拿奶瓶，不会拍嗝，不会做辅食，更不会哄孩子玩。她们眉头紧锁地站在一旁，看着手足无措的新手爸爸各式摆忙，不停地指点着这不行那不对，爸爸面对着孩子哭闹、妈妈唠叨的混乱场面，更加心慌意乱，最终“自暴自弃”，养娃重任由妈妈彻底接手后，爸爸如释重负，妈妈安心乐意。

在近几年大热的爸爸类综艺节目中，每一位明星爸爸最初独自带孩子都是不知所措，甚至人仰马翻，常常让屏幕前的妈妈们都想要把手伸进去帮忙处理，但几期节目下来，他们的成长和变化有目共睹，父子亲情也越来越浓厚。

每一个男人都不是天生会做家务，生来会做爸爸，他们需要在一次次失败中总结经验，才能慢慢变得能干而强大。在这个过程中，需要女人给他们机会，虽然很可能会犯错，但也没那么可怕，完全在可承受的范围之内，为什么不放手让丈夫去做呢？

聪明的妻子，不是极端地要求事事完美无瑕，而是懂得给自己松绑，让身边的“甩手掌柜”真正回到丈夫和父亲的角色上来，让自己充满安全感，让孩子充满依赖感，让整个家庭充满幸福感。

How to Change Your Husband in 30 Days

改 | 变 | 秘 | 籍

多给丈夫证明自己也能参与家庭任务分工的机会，多鼓励、多支持，没有人天生什么都会。妻子要选择适时地闭上嘴，不要凡事亲力亲为，多给丈夫发挥的空间，允许丈夫在错误中成长，大胆放手让他去做，这样的家庭才会更加和谐与幸福。

第14天：把夸丈夫融入日常

改变焦点：

目标：得不到妻子夸奖的丈夫

原因：觉得丈夫没出息，不求进取

焦虑：妻子的批评导致丈夫破罐破摔

歧途：对丈夫不满的妻子总是在数落丈夫的不是

真相：好男人是在妻子的赞美声中茁壮成长起来的

在感情生活中，相爱是一瞬间就可以种下的情有独钟，但是维系感情和走进婚姻却需要双方不懈的努力和真挚的付出。在婚姻里，"女人需要宠爱，男人需要夸赞"，因为夸奖与赞美是一种可以看得见、用得着、学得会的幸福能力。

聪明的女人应该学会用欣赏的目光和恰到好处的赞美去鼓励自己的丈夫，这可以让夫妻之间充满正能量，这种正能量会唤醒两个人内心的激情，提高幸福的体验。只有夫妻关系走进一个正循环的轨道，亲子关系、父母关系和婆媳关系等，才会随之一同朝正向轨道去发展和运行，夫妻关系是其他一切关系的基石和保障。

用心打磨，培养出好丈夫

很多女人总是只顾着自己宣泄情绪，全然不顾丈夫的感受，不仅让丈夫在外人面前颜面扫地，还起不到任何积极作用，只会增加负面影响和抵触情绪，甚至会破罐破摔。

夸奖和赞美不是欺骗，更不是无条件地顺从，它是一种对丈夫发自内心的欣赏，也是帮助男人缓解压力的一剂良药。

夸奖和赞美不是欺骗，更不是顺从，它既是一种对丈夫发自内心的欣赏，也是帮助男人分担压力的一剂良药。学会赞美男人，将夸奖融入日常，表面上看是对丈夫付出的认可与肯定，但着重点和受益者都是丈夫，其实这是一个双赢的局面，能使夫妻关系在你来我往中和谐顺畅地流动起来。

01 好男人在妻子的赞美中成长

好老公大多是夸出来的，毫不吝惜地赞美他，既能让他切身感受到妻子的爱意与体贴，还能让他在赞美中觉醒奋起，更能增强他的自信，提高他做事的兴趣。其实，男人就是一个长着胡子的大孩子，无论外表多么的坚强，内心都是柔软脆弱的，需要妻子支持鼓励的行动和夸奖赞美的言语。

一个周末的午后，悦悦同丈夫和闺蜜在咖啡馆里闲聊。两个女人的老公同在一家投资公司工作，但收入和职位却有着相当大的差距。闺蜜的老公在短短几年内已经升为华北片区总监，每天忙得不亦乐乎，周末也无闲暇之时；而悦悦的老公依然是一个小小的投资顾问，每天优哉游哉，到了周末还能和妻子一起喝咖啡、看电影。

当话题谈到闺蜜老公时，悦悦一脸羡慕地说："你真幸福，嫁了一个事业有成的老公，你再看看他，比起你老公差得太远了！"

悦悦老公一听立刻面色铁青，可悦悦却丝毫没有觉察，侧过身开始教育起老公："你们都是同一年参加工作的，几年工夫，差距怎么就这么大呢？真是货比货该扔，人比人……哈哈哈！"悦悦话说到一半，笑了起来，虽然是在半开玩笑，但丈夫的脸色明显更加难看了，借口说刚才车停得匆忙，要出去看一下，便以迅雷不及掩耳之势逃离了令他尴尬的谈话现场。

悦悦老公前脚离开咖啡馆，闺蜜马上责备起她：“你刚才真不应该那样说你老公，虽然我们三个人是多年的朋友，但最起码的面子还是要给他留的。你在家肯定也经常数落他没出息吧？这样做真的很不好。我以前也爱说我老公在工作上是‘当一天和尚撞一天钟’，不求上进，可后来我发现越说他，他工作做得越差，越不求上进，好像故意在跟我作对。于是，我开始从自己身上找原因，把数落变成了鼓励，只要他取得一点点进步，我就会对他赞赏有加，果然他越干越有信心，做起事来充满干劲。你一定要多看你老公身上的优点，不能轻易骂他没出息，特别是还当着外人的面。”

“可他的确没什么优点，就是一个没出息的男人啊。”悦悦无奈地回答。

“我就发现了你老公的优点，他踏实认真，对你更是体贴入微……”

“那管什么用！”悦悦不屑地说。

“在我眼中几乎看不到我老公的缺点，全是优点。”

“看，这就是他们俩之间的巨大差距！”

“不是他没有缺点，人无完人，是我把他的闪光点及时放大，并给他夸奖和鼓励，这对于一个男人来说极为重要。我们一定要把握好男人的心理，人们不是常说‘好男人是夸出来的，不是说出来的’，既然这样，我们不妨做一台丈夫的‘人工表扬机’。”

悦悦听着闺蜜的肺腑之言，不再反驳，开始反省自己对待老公的态度……

在现实生活中，有很多像悦悦这种对丈夫不满的妻子，她们往往只顾自己的情绪宣泄，而全然不顾丈夫的心理感受，不仅让丈夫在外人面前颜面扫地，还起不到任何积极作用，只会增加负面影响，让他产生抵触情绪，而丈夫依然是我行我素，甚至是破罐破摔。走进婚姻的聪明女人要学会一只眼戴着凸透镜看男人的优点和长处，另一只眼戴着凹透镜看男人的缺点和不足。

简短的几句夸奖之言是妻子对丈夫笃定的欣赏与肯定。被欣赏意味着被看见，被关注，被爱着，无论好与坏都被自己的妻子无条件地接纳。每天在这样充沛的爱与充足的夸奖下生活，丈夫虽然也是负重前行，却心情愉悦，足以将身体的疲惫一扫而光。

02 夸奖是一种无条件的爱

妻子对丈夫衷心的夸奖是一种无条件、无所求的爱，如果把夸奖当作一种奖励性工具，因为想让丈夫去做某件事，或想要达到某种目的才去夸奖，这是有条件、有所求的爱，只是功利，不是欣赏。偶尔对丈夫使用几次，他不会计较，也无伤大雅，还可能会调节彼此间呆板的相处模式。但如果长期如此，就会让丈夫产生一种强烈的被利用感，因此而背离了夸奖的初衷。最好的鼓励是发自内心的，只有这种真诚的欣赏和喜欢，才能真正给到丈夫爱与动力。

前一阵热播的综艺类节目《妻子的浪漫旅行》中，很多观众都被包文婧对丈夫包贝尔的夸赞“甜腻双耳，炫瞎双目”。她“捧杀”丈夫的绝技从尚未出发便开始激情上演。包贝尔全程耐心细致地帮包文婧搭配衣服和打包行李，而包文婧在一旁做了什么呢？不是像很多妻子那样，丈夫干活，妻子监工，她全程都在“花式”夸赞包贝尔，并且一脸宠溺地看着眼前的老公，好像世间唯此一人可共度一生。

“我从没有想过会那么搭！”

“老公，你是我的服装设计师。”

“你咋这么牛呢？”

“我老公又帅，又聪明，个又高。”

“你懂得好多！”

类似这样的对话场景别说放在老夫老妻眼中，就算是新婚燕尔的小两口都觉得这些再普通不过的日常，有什么好夸的呢？而就是这些看似不值一提的付出和优点，在包文婧眼里却弥足珍贵。

当主持人问包贝尔，这是不是生活的常态时，包贝尔笑着说：“是的，有时候说着说着我都信了。”

这是怎样一种夸赞的力量，既让老公心甘情愿地付出，同时又赐予老公最强大的自信。在包文婧眼里的包贝尔就是一个生活中无所不能的“哆啦A梦”，不仅会收拾行李，能搭配衣服，还疼孩子，会赚钱。她在夸奖老公时，是不是演戏与伪装，只需看她的眼神就能分辨，因为爱一个人时的眼神是藏不住的。她眼中溢出的只有爱意、崇拜和甜蜜。

所以，我们完全可以理解第一期节目里，两个人在一问一答中所蕴含的真情。在包贝尔的安排下,包文婧回到他们当年北漂时租住的不到五平方米的小屋约会,面对包贝尔的问题,“如果没戏拍了,你还回来住吗?”包文婧毫不犹豫地回答道:“那该回也得回来。”“以前都能住,现在一样能住。”能够这样不假思索地脱口而出是两个人共度人生低谷熬出来的情义,正所谓“日落西山你不陪,东山再起你是谁”。

小屋中只有一张床,吃饭只能在床上吃。房间里没有暖气,到了冬天,就盖着厚厚的衣服睡觉,满地都是蟑螂,洗澡要去楼下……就在这样的恶劣环境中,包文婧和包贝尔一起待了很多年。在包贝尔没有戏拍的日子里,全靠包文婧挣钱接济。当被问到她当年为什么能为一个前途不明的男生付出这么多时,包文婧依然保持“语不惊人死不休”的炫夫作风:因为他帅。

这才是“情人眼里出西施”的VIP级表达方式,包贝尔的长相平平,尤其在帅哥扎堆的娱乐圈,“帅”字在外人看来与他无缘,但在包文婧眼中,却只有她老公与这个“帅”字有缘。

包文婧为我们提供了教科书级别般的示范:真正有效的夸人,没有任何技巧,也没有任何动机,它是一种无条件的爱,需要的是发自肺腑地欣赏和肯定对方。因为只有这样,才能在对方的平庸中找到每一个微弱的亮点和不起眼的优点,然后持续并乐在其中地去夸奖对方,形成习惯,变成日常。

How to Change Your Husband in 30 Days

改|变|秘|籍

看着成熟稳健的男子汉其实都有孩子气的一面，妻子对待他们时要少些批评、讽刺和打击，多些赞美、夸奖和鼓励。欣赏和赞美男人不仅是夫妻间拉近距离、加深爱意最有效的方法，还是必要时对男人提出建议和忠告的一种最为高明的无痛疗法。聪明的女人要懂得，好男人是在她的声声赞美和夸奖中不断成长、突飞猛进、日益强大的。

第 15 天：让丈夫耳根清净

改变焦点：

目标：总被妻子唠叨的丈夫

原因：过度依赖丈夫，导致安全感匮乏

焦虑：越唠叨，丈夫越避之不及

歧途：想通过唠叨让丈夫变得更优秀

真相：唠叨只会让妻子变成令人生厌的"祥林嫂"

数据显示，普通男人一天说2000到4000个字，普通女人一天说8000到10000个字，个别女人一天说20000字以上。可见，在日常生活中，唠叨的主力军多为女性。一位心理学家曾对1500对夫妇做过详细的调查，研究发现，丈夫眼中妻子的最大缺点居然是"唠叨"，甚至比"邋遢"更加令人难以忍受。如果天生好色的男人宁愿忍受邋遢的丑女，也不愿意接受爱唠叨的美女，那么事态的严重性就可想而知了。因为他们认为，任何一种个性都不会像唠叨那样，给家庭生活带来巨大的困扰与伤害。

有人说："魔鬼为了破坏贞洁的爱情而发明的恶毒办法中，唠叨是最厉害的一种。它总能成功地破坏爱情，永远不会失败，就像眼镜蛇咬人一样，具有可怕的破坏性，甚至会致人于死地。”卡耐基在《人性的弱点》一书中也说过：“唠叨是爱情的坟墓。”事实的确如此，无休止的唠叨确实会把爱人的耐性一点点磨光，使爱情的热度一点点冷却，最后将婚姻引向“坟墓”。

01 唠叨会摧毁幸福

唠叨给家庭与婚姻造成的危害极大，但大多数女人对此却很难意识到。她们在生活中稍有不合心意之处，便会马上开启唠叨模式。

女人之所以爱唠叨，主要是因为在家务中占据了主导地位，丈夫、孩子的一日三餐、生活日常等全都需要女人亲力亲为、妥善安排，其间涉及的事情繁杂而琐碎，难免会针对经常出现状况的同一问题反复强调。其次是源于妻子的爱心和责任心，她们要操心家人和生活的每一个细枝末节，所以有很多女人会认为唠叨是一种爱的体现，其目的是为了帮助丈夫或孩子改变他们自身的缺点和不足，使其变得更加优秀。另外，唠叨也是女人的天性使然，她们喜欢把喜怒哀乐、所见所闻随时表达出来，与家人分享，对丈夫倾诉，在相互的交流中得到宽慰、体贴和温暖。

女人唠叨的出发点大多是好的，是出于对丈夫的爱、对孩子的关心、对家庭的责任，但唠叨的现实结果却与初心背道而驰。古往今来，没有哪个女人能通过自己的唠叨让家庭更和睦、爱情更持久。

女人长期的唠叨会让男人感到压抑，潜意识里也会产生一种不被信任与尊重的错觉。当男人对日复一日的唠叨产生“抗体”，做出无言的反抗时，有些妻子并没有及时反省自己的言行，反而会越挫越勇，将内心克制不住的怨气与不满升级为抱怨，并将其作为一种更具杀伤力的武器，如连珠炮一般向男人发起更猛烈的攻击，说出男人不思进取、赚钱不多、仕途不顺、不如他人、不够体贴等直戳心肺的过激言语。

妻子以为通过自己一针见血地唠叨与抱怨，能够有朝一日将丈夫的缺点一一改变。殊不知，运用这种令人反感的武器妄想改变男人，根本就是一厢情愿、痴人说梦，它只会进一步摧毁男人的耐性，彻底引发丈夫的逆反心理，并且逐渐累积成一种厌恶与憎恨，导致家庭矛盾不断产生，进而爆发“热战”或“冷战”，最后导致夫妻关系走向破裂。

美国专栏作家陶乐丝·狄克斯认为：“一个男性的婚姻生活是否幸福和他太太的脾气性格息息相关。如果她急躁又唠叨，还没完没了地挑剔，那么即便她拥有普天下的其他所有美德也都等于零。”

托尔斯泰的夫人到最后才明白到这一点，只是一切都悔之晚矣，在逝世之前，她诚心地向几个女儿们诉说道：“是我害死了你们的父亲。”正所谓“人之将死，其言也善”，女儿们知道她说的与事实相符，就是这位即将离开人世的母亲曾以无休无止的埋怨、没完没了的嫉妒和永不停息的唠叨，把一代大文豪——她们的父亲逼得离家出走，最后病死在一个小车站。

其实，从各方面的硬性条件来看，托尔斯泰和夫人应该是让世人羡慕的一对夫妻。《战争与和平》和《安娜·卡列尼娜》两本文学巨著奠定了托尔斯泰在世界文坛不可撼动的地位。他大名鼎鼎，家喻户晓，崇拜他的人废寝忘食地跟随着他，把他所说的每一个字、每一句话都速记下来，包括像“我想我要上床睡觉了”这样的家常话。

除了妇孺皆知的名声之外，托尔斯泰和他的夫人还拥有世俗认为的完美的一切：过人的财富、显赫的地位、可爱的孩子。天下像这样的婚姻也是屈指可数。开始的时候，他们的幸福指数高得令人望尘莫及，这样的婚姻仿佛一眼就可以看到白头偕老的圆满结局。那时的两个人跪在一起，祈祷万能的上帝，能够天长地久、源源不断地把幸福赐予他们。

然而托尔斯泰在慢慢改变，甚至与之前判若两人。他开始厌弃自己及周围的贵族生活，尝试着完全遵循基督教的教义，把自己的产业送给别人，过穷苦的生活。自己在田地上工作、砍柴叉草，自己做鞋、扫地、用木碗吃饭，以及尝试着去爱他的敌人。

如此一来，他的婚姻就成了一场令人唏嘘不已的悲剧。他的夫人钟情于雍容华贵，他却对此嗤之以鼻；她热爱名声和社会赞誉，他却对这些虚无缥缈、转瞬即逝的事丝毫提不起兴趣；她渴望金钱，向往财富，但他却认为荣华富贵和私人财产是一件阴暗且罪恶的事情。

多年以来，由于他坚持把著作的版权分文不留地全部赠送给别人，夫人为此一直唠叨着、责骂着、哭闹着，没有片刻安宁。她想要拿回那些书所能赚到的钱。当托尔斯泰对她的抗议熟视无睹时，她立刻歇斯底里起来，在地上撒泼打滚，以自杀相要挟。

在托尔斯泰82岁时，他再也无法忍受家中四处弥漫着的剑拔弩张的气氛，在1910年10月一个夜深人静的雪夜，他终于逃离了夫人的“魔爪”，逃离了寒冷的黑暗，消失在夜色中。11天以后，他因肺炎死在了火车站。他临死前都不愿让她见最后一面。这就是托尔斯泰夫人唠叨、抱怨和歇斯底里所得到的悲惨结果，她的唠叨导致了生活的悲剧，毁坏了最珍贵的一切。

除此之外，苏格拉底的妻子是出了名的悍妇，为了躲避她，苏格拉底大部分的时间都躲在雅典的树下沉思；法国皇帝拿破仑三世和美丽的欧仁尼·蒙蒂霍女伯爵那段荡气回肠的爱情，也终因女人的喋喋不休而毁于一旦；美国总统亚伯拉罕·林肯的夫人热爱唠叨，这让他深受其害，以至于他宁愿住在条件恶劣的乡下旅馆，也不愿回到舒适的家中去面对太太的嘴脸。

女人的唠叨一旦形成习惯，对于整个家庭来说都将是一场无法预见的灾难。虽然也有丈夫在妻子的唠叨声中顿悟，但依靠唠叨而顿悟的男人毕竟少之又少。在大多数男人看来，女人的唠叨代表着男人权力的旁落，女人不断地对其发号施令，则象征着权力的转移，男人自然会对其产生抵触心理。

无论当初两个人的感情多么如胶似漆，丈夫多么宠爱妻子，一旦女人开始毫无底线地唠叨，并长时间保持对男人滔滔不绝、居高临下的说话态势，就预示着宠爱的结束。每天身陷唠叨的泥潭，面对日复一日的言语打击，任谁都会无法忍受，又怎能心悦诚服地接受批评和教育，而后做出改变和让步呢？所以，唠叨不仅不能解决问题，还会使曾经心心相印的感情化为乌有。

02 戒掉唠叨

反对女人唠叨并不意味着提倡女人对丈夫漠不关心，或在丈夫确实需要提醒和帮助时还要保持沉默、一言不发。女人们应该学会以智慧的表达方式来应对家庭中的各种关系，这样才能事半功倍，使生活更加和谐幸福，使自己更加优雅从容。

女人在面对总想唠叨的欲望时，不妨把遇到的困难或不如意看作需要解决的问题，而非遭受的不公正的待遇或不被重视的习惯性反应。如果能做到每次都这么想，那么就能让自己成为生活的主宰，而非受害者。

时常提醒并告诉自己唠叨是为了解决麻烦，而不是成为另一个麻烦。每一次想要向丈夫或者别人唠叨时，先扪心自问："我这样唠叨有用吗？""对我有什么好处？""这么唠唠叨叨能达到我的目的吗？"或者更直接地问自己："到底应该无休止的唠叨，招惹别人的反感，还是应该把嘴巴闭上？"再给自己一个闭嘴的最后通牒："什么时候才能停止无意义的唠叨？"这样在心里不断地反复练习，就可以慢慢缓解唠叨成性的问题。

女人要想获得幸福，一定要想办法戒掉唠叨。

第一，直接说出自己的目的。只要把自己想要的结果告诉对方就足矣，不要总试图指导他完全按照你的思路去做。同时告诉他，如果需要帮助可以来找你，然后转身走开，不再磨叽，让你的丈夫享有充分的主导权。

第二，不要重复讲话。如果你提醒了丈夫三次以上，说他曾经答应过要陪你去散步或逛街，但他却坐在沙发上纹丝不动，把你的问话和等待视如空气，说明他根本就不想去。你就需要住嘴，不要再重复，过多的唠叨只会使他暗下决心，誓不屈服。

第三，不做无意义的批评。为了上完厕所总不把马桶盖翻下来盖好，你可以和他“冷战”三天不说话；为了牙膏是从下往上挤还是随手挤，可以不厌其烦地唠叨N+1遍。婚姻最怕受的伤害之一就是无谓的批评，因此不管在任何情况下，都不要做恶意的攻击，无建设性的批评，男人再坚强也是血肉之躯，不要用比刀子还锋利的嘴去伤害他，女人一定要懂得控制情绪，学会适时闭嘴。

第四，用温和的方式达到目的。即使是要求、责怪或者批评，也不要采用喋喋不休的埋怨方式，换一种以柔克刚的方式去表达，不用一遍一遍抓着把柄重复提醒，对方也会愿意接受。比如，当丈夫忘记了结婚纪念日，与其对他唠叨不停，不如自己私下安排一个小小的纪念日活动，这样用心到深处的举动既会让他对你心怀歉意，也会感激你的宽容大度，至于纪念日也会牢记于心中。以这种百炼钢化为绕指柔的太极方式得偿所愿，何乐而不为呢？

第五，时常反省自己。当你意识到自己在不知不觉中又开始如长江之水滔滔不绝的时候，一定要马上停住，并且及时反省。如果觉得言语有过激之处，就要适时道歉，即使是一件不需要道歉的寻常小事，也要立即叫停，或者转移话题，同时给对方以歉意且自然的微笑。

在感情的世界里，男人是纸糊的老虎，女人是钢做的花朵。男人如果不幸碰到无知又狠心的女人，注定会被撕成碎片。而唠叨就将美丽的花朵变成锋利的利刃，除了刀刀见红、伤人伤己之外，别无他用。唠叨不仅耗费精力，还浪费唇舌，他人非但不领情，还会心生厌烦，更重要的是还会将自己贤妻良母的形象大打折扣。因此，无论怎么看，唠叨都是一桩损人不利己的赔本买卖，不如早早舍弃，还丈夫一个清静的耳根，还家庭一派和睦的景象。

How to Change Your Husband in 30 Days

改 | 变 | 秘 | 籍

作为一个高情商的女人，你能够选择的表达方式有很多，可以感性或理性，可以温柔或大气，可以宽厚或娇嗔，亦可以幽默或细腻，唯有唠叨和挑剔不在选择之列。你要随时谨记，自己是一个通情达理、知性优雅的好女人，完全没有必要使自己沦落为像得了更年期综合征的妇女那样，让人避之唯恐不及。

第16天：对男人的“小金库”不妨“难得糊涂”

改变焦点：

目标：私设小金库的丈夫

原因：妻子每月下发的零花钱确实不够用

焦虑：私设小金库防不胜防

歧途：一旦抓住即刻上缴，甚至做出相应惩罚

真相：对待男人，收心比收钱更为重要

婚后，当“工资奖金全部上缴制”成为家庭根本制度，私设“小金库”就成为男人们的必备生存技能，这样的现象不足为奇，但并不是每个女人都能妥善处理好这件女人眼中的大忌之事。大多数女人将其视为一种危险信号，认为这是男人分心的标志，常与出轨密不可分。她们认定只有管住男人的口袋，才能心安神定，因为男人手中没钱，便失去了学坏的资本。

其实，对于小金库、私房钱这一夫妻之间最敏感也是最难以调和的问题，不必过于锱铢必较，两个人如果在相处过程中有太多的禁忌，很容易引发激烈的争吵和冲突。因此，在对整体大局无碍的前提下，对于男人私设小金库的问题，不妨采用“难得糊涂”的中庸之道予以化解，不仅可以将棘手问题解决于无形，还可以体现出女人宽容大度的智慧。

据婚恋专家的调查研究显示，女人之所以会对男人私设小金库如此反感，主要原因有以下几点：第一，花钱不受控后，会抽烟饮酒无度而伤害身体；第二，担心男人手中有钱，就会加大出轨的概率；第三，会出现大手大脚，不合理消费；第四，会让女人产生一种男人随时会“造反”的可能，为婚姻生活增加了不安定因素。

在婚姻生活中，有很多女人自设的逻辑关系是这样的：“我的是我的，你的还是我的，所以，家里对钱的管理及使用，享有最终决定权的这个人必然是我。”于是，男人们在热恋和新婚强烈的荷尔蒙作用冲击下，为了表达爱与决心，将财政大权如数上交给妻子；女人们则理所当然地把持了家中的经济命脉。之后男人们必须将每个月的工资、奖金及其他收入如数上交，不得抗交，不得遗漏，除去每月的固定零花钱，如有其他花费，男人们还要费劲心力地将自己辛苦赚来的钱再讨回来一点使用。碰到通情达理的妻子，要钱过程会相对简单，只要禀明花销用途，以及所需金额即可；如果碰到强势如虎的女人，这个过程会比自己挣钱还要难上加难。这样一来二去，一个优越感爆棚，一个自卑感渐起；一个独揽大权，一个手心朝上。感情就在这样的不平衡中发生着悄无声息的变化。俗话说，“谈钱必伤感情”，于是，求人不如求己，“小金库”应运而生。

其实，妻子对于金钱的把控不必草木皆兵，过于专制，独揽财政大权会使男人处处受限，无法自主。对很多男人来说，最重要的两件事就是事业和尊严。也许女人认为自己掌控财权和男人的事业与尊严并无直接关系，但事实上，如果男人手中没钱，必然会失去底气和安全感，这不仅会让他在人前失了面子，还会影响他的人脉维护，甚至是事业发展。男人将一家财政大权交给妻子，是基于爱与信任，那么作为妻子，也应该以同理心回馈给丈夫爱与尊重，并站在他的角度为其考虑，每月给他足够的零用钱，不能让他捉襟见肘、囊中羞涩。

男人在外打拼必然需要应酬和交际，礼尚往来是人之常情。只有兜里有钱，才能从容不迫、应对自如。不能让他总做别人的席上客，自己却如铁公鸡一般，一毛不拔；抑或收了他人的随喜贺礼，到了回礼时却如石沉大海，有去无回。长此以往，不仅会让男人脸上无光，还会在同事、朋友心中留下吝啬小气的印象，随后便会影响他的人缘和运势。

因此，如果妻子一旦发现丈夫的私房钱，切莫以雷霆之势强硬收回，也不可大吵大闹引发“内战”，不如克制自己的怒气，效仿郑板桥的“难得糊涂”，予以宽容相待，比起家庭的和谐幸福，钱真的是身外之物。正所谓“水至清则无鱼，人至察则无徒”，世界原本就不是纯净而通透的，我们身处其中的人更是如此，不要再因为这些小事而徒增烦恼，用心经营好婚姻才是家之大计。

How to Change Your Husband in 30 Days

改|变|秘|籍

男人私藏小金库，无非就是想花钱时多些自主权，少些碎碎念。做妻子的完全可以大度一点，不必严防死守，过多干涉。可能有时妻子会觉得男人花钱总是大手大脚，买的东西也是物非所值，但仔细想想，除了第三者和“黄赌毒”，男人能乱花钱的地方的确不多。所以，当丈夫为了某个正当兴趣爱好花钱时，不要不问青红皂白就一味地横加阻拦，要相信自己的男人，给他留有足够的自由空间。其实，适当地存些私房钱并不是罪无可恕，只要两个人心意相通，这些无伤大雅的事情都可以从长计议。

第17天：有共性的婚姻才长久

改变焦点：

目标：与妻子爱好大相径庭的丈夫

原因：伴侣之间的兴趣和爱好完全一致的伴侣

焦虑：兴趣、爱好鲜有交集

歧途：既然没有共同爱好，就各过各的，互不打扰

真相：先天不足，可以后天培养

幸福的婚姻生活源自夫妻双方共同打造，任何一方的缺失都会造成家庭的不完整。

男女双方不管是青梅竹马、自由恋爱，还是通过相亲结识，只要两情相悦，就会因真爱结合在一起。真爱是婚姻的必需品，但如果两个相爱的人有着共同的兴趣爱好，这样志同道合的婚姻必定会更加和谐稳固。就像李清照和赵明诚，每天饭后，坐在书斋“归来堂”中，沏上香茶一盏，面对着堆放的各种史书经书，以是否准确记得某件事是在某部书的第几卷第几页第几行来论输赢，之后再以饮茶先后作为奖罚，这样的婚姻堪称无敌和谐。

01 爱他就要适应他

在很多婚姻生活中，理想终归无法与现实重合，从古至今，志同道合的伉俪屈指可数，像李清照和赵明诚那样诗词唱和，闲暇时光一同饮茶猜书、消食取乐的夫妻寥寥无几。摆在大多数夫妻面前的惨痛现实就是，两个人在一见钟情的荷尔蒙作用下走到了一起，彼此之间除了看不见、摸不着的“曾似相识”的心动感觉外，并没有太多共同的兴趣爱好，甚至在这方面像两条平行线一样，永无交集可言。

妻子大爱肥皂剧，丈夫热衷体育节目；妻子喜欢吃甜食品红酒，丈夫只爱啃猪蹄喝啤酒，完全风马牛不相及。婚前这些差异都可以隐藏在热恋的炫目光环下，婚后就会渐渐显露出来，并日益放射出刺眼的光芒，面对鲜有交集的日子，两个人总感觉有一股强烈的无奈弥散开来……其实，这样的无奈和遗憾并非无法弥补，也不是什么致命打击。

女人的父亲是一位商人，她很早便辍学，跟随父亲学做生意，但她聪明好学，吃苦耐劳，帮助父亲把生意打理得井井有条。

幸运女神总是对勤奋的人格外眷顾，一次偶然的机会，她认识了一名工程师，两个人一见如故，很快坠入了爱河，并在双方父母的撮合下顺利进入了婚姻。

恋爱是美好而梦幻的，婚姻却是琐碎而现实的，两个人因学识高低差异过大，兴趣爱好也大相径庭，慢慢地，彼此之间的共同话题越来越少，而且在一起的时候也会觉得兴致索然，甚至还有一丝尴尬的气氛弥散在空气中，完全体验不到爱情带来的快乐和美好。渐渐地，一种强烈的预感萦绕在女人心头，她感觉自己和丈夫的婚姻已经进入到无话可说的危险境地，如果处理不好，迟早要离婚，只是时间早晚的问题。

有一天，丈夫邀请女人一起去看高尔夫球赛，丈夫的兴趣爱好非常少，典型的理科男特质，事事理性，缺乏感性和浪漫。除了工作以外，他唯一感兴趣的就是高尔夫。而女人对于高尔夫一窍不通，也从来没有参加过这样的活动，但是在对方的邀请下，还是赴约了。看完之后，她自我感觉还不错，便和爱人谈论起来。她惊奇地发现，平日里沉默寡言的丈夫竟然滔滔不绝地加以评论，而且神采飞扬，声情并茂，给女人讲了很多有关高尔夫球赛的规则和赛事。那天，他们过得非常愉快。

从那以后，女人经常陪丈夫去看高尔夫球，她对高尔夫也渐渐产生了兴趣，两个人的话题也多了起来。女人发现了这样一个秘密：爱人之间的关系要想变得亲密，就要有共同的兴趣和爱好。于是，她私下会经常看一些有关高尔夫球赛的电视节目和相关书籍，以培养自己对高尔夫的兴趣。与此同时，她也会把自己的一些兴趣爱好介绍给对方。丈夫看到妻子为自己所做的努力，深受感动，也学着接纳妻子所感兴趣的东西，两个人之间的共同话题越来越多，不仅关系日渐亲密，生活也更加富有生机和活力。

和谐婚姻的最高境界是两个人拥有共同的爱好和共同的梦想，这样的共同点不一定非要苛求在相知相爱阶段就已经保持同步，类似的巧合桥段在现实生活中发生的概率并不多。既然“先天不足”，完全可以“后天弥补”，两个人在婚后岁月里慢慢培养共同爱好的大有人在，除了少一份“神之默契”以外，更增添了一份彼此间的关注与尊重。

培养共同的爱好可以先从一个共同努力的目标做起，比如共同旅游、共读一本书、一起学一项新的技能等。两个人能在一起做的事情越多，彼此间的联系就会越紧密，对日常摩擦的免疫力也会越强。

02 如何培养共同的兴趣爱好

当妻子与丈夫的兴趣爱好截然不同时，不必太过在意，也不必强求，更不应该感到苦恼。在现实生活中，其实很难找到一对性格、情趣、爱好都完全一致的伴侣。婚姻是否幸福，其主要标志在于夫妻二人是否能够心心相印、息息相通。当然，共同的兴趣爱好也许会使爱情之花更加芬芳艳丽，但如果没有，也不会因此而枯萎。

夫妻之间如果能有共同的兴趣爱好，在日常生活中就会有很多共同话题。比如，两个人都喜欢烹饪和品尝美食，那么可以在周末一起准备一顿浪漫的烛光晚餐，先采买食材，再在厨房热火朝天地相互协作制作美食，在这一过程中可以增加彼此的互动与交流，经过几个小时的奋战，一桌色香味俱全的美味展现在二人面前，在品尝美食的同时，一起享受周末晚间的浪漫时光，这样既增进了彼此的感情，又放松了工作带来的紧张情绪。

但如果双方没有可以相互培养或将兴趣爱好相结合的可能，比如，丈夫喜欢看足球，妻子喜欢烹饪，那么妻子不妨在丈夫每次看球赛的时候做一些可口甜美的小点心，之后陪丈夫一起看球赛，要是觉得实在看不进去，可以拿本书坐在丈夫旁边看，其实看什么不重要，重要的是两个人在一起的时光。当然，丈夫在吃妻子做的小甜点时，一定不能忘记对她的烹饪手艺予以肯定和夸奖，并真心地表示感谢。

如果想使彼此之间的兴趣爱好趋于平衡，从而达到心理上的协调和相通，不能要求对方马上改变自己的爱好，也不能把自己的爱好强加给对方，更不能讨厌甚至埋怨对方的正当兴趣爱好，否则只会适得其反。应该在彼此平等的基础上相互尊重、适应对方的兴趣爱好，并有意识地将自己的爱好引导、渗透给对方，使其逐渐产生共同的兴趣，但切忌操之过急。同时双方还应该相互学习，主动了解对方的爱好，以培养自己的兴趣，增加夫妻的共同语言，擅长的一方应该耐心地去传授。在条件允许的情况下，两个人尽可能多地共同参加一些活动，在活动中培养双方共同的、广泛的兴趣爱好，给彼此的感情锦上添花。

How to Change Your Husband in 30 Days

改 | 变 | 秘 | 籍

爱情的最终方向是两个人永久地相守，如果双方在爱好上有很大分歧，又不懂得去尊重和适应，只是一味地反感和打压，最终很难和谐地在一起走过漫长的婚姻之路。所以，无论在婚前，还是婚后，双方都应该尽量学会去沟通和培养共同爱好。

第 18 天：好男人需要女人的培养

改变焦点：

目标：女人悉心培养出的好男人

原因：好男人不是与生俱来的

焦虑：那些熠熠生辉的精品男人，早已“人有所属”

歧途：一心等待天赐良缘

真相：好女人能够成就好男人

心理学家曾发现，大多数男人在结婚后的幸福指数会明显飙升，尤其是男人娶了一个好妻子，带来的影响更是深远而悠长。中国自古以来就有“旺夫”一说，对于一个男人而言，“成家立业”一词讲述了因一个好女人而成的“家”，会对男人之后所立的“业”起到至关重要的作用。好女人不仅是男人的好学校，也是一家人的精神领袖，她给男人的不仅是一个家，更重要的还有精神上的抚慰与滋养。

正是因为这样的好女人，才造就了日后别人眼中的好男人。但现在很多女人总以为好男人是天生铸就的，她们唯一要做的就是等待天赐良缘，用被动的等待决定自己的人生走向。因此，一旦发现男朋友不是她理想中的“潜力股”，就会迅速抛出或换掉，一厢情愿地认为后面还会有金光闪闪、耀眼夺目的“金子”等着她们去发现。殊不知，最初的金子不过是一块锈迹斑斑的金属矿石，需要一双慧眼才能够识金。而天天想着一步到位的女人没有时间和耐心去研磨一块前途未卜的“半成品”，她们一路向前寻找着那些熠熠生辉的人中精品，到头来却发现，他们早已心有所属，“名草有主”。随着时光飞逝流转，自己日渐老去，身边再无他人相伴，只剩一人独守空房，而曾经被无情丢弃的那些所谓“垃圾股”，却已成长为炙手可热的“绩优股”。

雅璇和鹏飞是一对郎才女貌的恋人，两个人牵手共同走过了大学四年的青葱岁月，是校园里人人羡慕的伴侣。毕业后，他们如愿以偿地分在了同一个城市，有着一份安稳的工作，未来的幸福生活已经抬头可见。一天，鹏飞手捧一束火红的玫瑰和一枚虽然普通却饱含情意的小钻戒，向雅璇郑重地求婚，雅璇看着心潮澎湃的男友，面露难色，停顿了几秒，斩钉截铁地说：“我们分手吧！我爱上了别人！”

就这样，四年的感情在一热一冷、一真一变中画上了五味杂陈的句号。原来，毕业后不久，雅璇通过公司项目遇到一个男人，他事业有成，仪表堂堂，稳重儒雅，浑身散发着成熟男人的气息，让初入职场的雅璇情难自控，他给了她想要的一切。而此时的鹏飞除了一颗真心，其他方面犹如一张白纸，空空如也。失恋后的鹏飞伤心欲绝，在家人和朋友的开导下，离开了这个曾让他满怀希望，最终却令他心碎一地的城市……

被幸福光环笼罩的雅璇，享受着成熟男人带给她的衣食不愁、养尊处优的公主般的生活，她辞去了工作，每天在“家”中幸福地等待着男人回来，俨然一个家庭小主妇的模样。只是好景不长，男人“回家”的次数越来越少，她终于发现了掩藏在繁花似锦下的那残忍丑陋的真相，这个养她的男人已有家室，而且自己不过是被他包养的女人中的一个。雅璇的心在滴血，悔不当初却又覆水难收，这是自己选择的路，只能打碎牙齿和血吞，收拾起一片狼藉的心情，带着布满身心的伤痕重新上路。

转眼间十几年过去了，36岁的雅璇还是孤身一人。一次偶然的机会，她与鹏飞不期而遇。这时的鹏飞早已今非昔比，成为南方某知名企业的老板，他现在的事业版图与雅璇当初选择的那个男人相比简直就是云泥之别。鹏飞已经从一个毛头小伙蜕变成一个成熟稳重的大男人。

雅璇主动邀请鹏飞到附近的咖啡厅小坐，他们聊了很多，看着眼前昔日的男友，雅璇那颗沉寂已久的心被深深触动，这样一个曾经深爱过自己的男人，这样一个条件俱佳的男人，她不想失去。鹏飞问她：“你结婚了吗？”“没有，你呢？”雅璇满心以为天可怜见，能给她一次重新来过的机会，就像爱情故事中写的那般，兜兜转转又回到最初的人身边。这时鹏飞的电话响起，屏幕上赫然显示着“老婆”两个字，他站起身到不远处接完电话，对雅璇说：“我得去接女儿了，保姆家出了些事情不能去接，不好意思，我们改天再聚吧。”鹏飞开车走了，看着渐渐远去的保时捷，看着别人培养出的好男人，雅璇的眼前模糊了，她感到窗外在下雨，其实是自己的心在流泪。

世间有很多像雅璇一样的女人，心心念念想找一个如钻石般的男人，她们会感叹命运的不公，为什么好男人总有家室，其实这样的想法是搞错了顺序，弄反了因果。好男人都是从无人问津的平庸之辈逐步成为成功人士的，在整个破茧成蝶的蜕变过程中，离不开身后那个女人的悉心照顾与全力支持。

人们常说，每个成功男人的身后都有一个好女人，这句话堪称至理名言，当然也可以将其理解为好女人能够成就好男人。好男人从来不是天生的，如同翡翠一眼望去不过是一块不起眼的裸露矿石。而一个有智慧的女人，应该具备慧眼识英才的能力，找到一块自己眼中最好的原矿石，之后经过细细打磨，终可以将其打造成属于自己的好男人。好男人是好女人精心培养出来的，而好女人就是创造好男人的魔术师。

影帝吴京曾在采访时说："我也曾迷茫过，直到遇见了那个她。"在拍摄《战狼》之前，没有大牌巨星加盟、没有巨额投资，为了完成它，吴京倾其所有，拿出了自己的全部积蓄，抵押了房产，才凑够了钱去拍戏，他对妻子说："媳妇，如果万一赔了，就是倾家荡产……"谢楠云淡风轻地回答："老公，如果你的梦想不能实现，我们就算住在再好的房子也会一生遗憾的，电影赔了没关系！我这儿有一个小房，我养你！"

短短的几句话，让人深深为之动容，这是巨大的鼓舞和支持，更是刻骨铭心的爱情与深情，为了帮助丈夫实现梦想，谢楠表现出对爱人无条件的理解与信任，免除了他的后顾之忧。正是有了这样的坚强后盾，吴京才可以随时放手一搏，同时还能随时感受到家庭的温暖和妻子的体贴。尊重丈夫就是尊重婚姻，全身心支持家庭的另一半就是保证婚姻幸福的最强攻略。

有人说，叶莉嫁给姚明是占了便宜，捡到了宝，可他们在谈恋爱时姚明不过是上海队的一个新人，而叶莉早已名声在外，功成名就。现在在世人眼中，刘青云和郭蔼明可谓珠联璧合，佳偶天成，可他们在一起时，刘青云不过是一个初中毕业的年轻演员，郭蔼明却是拥有双硕士学历的“香港小姐”。

由此可见，所有的成功都不是凭空而出，它的背后都是一条充满泥泞的坎坷之路。每一段完美婚姻绝不仅仅是甜言蜜语，而是男女双方共同走过的一段荆棘遍布的心路历程。每一个完美男人的存在，背后都流淌着一个女人默默付出的青春年华。

How to Change Your Husband in 30 Days

改丨变丨秘丨籍

婚姻中没有一成不变的“角色预设”，而是如同太极图一般，灵活运转，相辅相成。在将丈夫打磨成为优秀男人的同时，也要将自己培养为优秀女人，与之相配。那些为了男人和家庭付出一切的苦情女人，算不上真正意义上的贤妻良母，“贤”与“良”的深层含义是要具备宽广的见识和完善的人格。婚姻里最优质的亲密关系是携手合作，共同成长，彼此历练到可以坦然面对内在的阴影。当你变成一个有底气、有阅历、人格完善、优雅淡定的女人，你一路陪伴而来的成功男人自然会心甘情愿地站在你身旁，白首不相离。

爱与尊重，愿君心似我心

第 19 天：常说"谢谢"

改变焦点：

目标：一心只知付出，却得不到妻子关心的丈夫

原因：长年累月习惯了这种不平等的相处模式

焦虑：一旦丈夫离开，原本的幸福生活就陷入黑暗

歧途：对于丈夫的付出认为理所应当，习惯坐享其成

真相：夫妻间多说"谢谢"可以增进婚姻的忠诚度

婚姻幸福的秘诀是什么？抓住丈夫的胃？多送心仪的礼物？美国佐治亚大学的研究人员说，其实有一个最简单的办法，就是经常对爱人说"谢谢"，懂得尊重与感恩另一半。研究人员调查了468名已婚人士，了解他们的财务情况、与伴侣的沟通方式，以及他们对伴侣是否怀有感恩之心等。美国每日科学网站援引了研究人员的话："我们发现，感受到伴侣对你心存感恩和尊重，会直接影响你对婚姻的感觉、忠诚度以及是否相信你和伴侣会白头偕老。"此外，经常对伴侣表示感谢还有助于解决两人之间的分歧，减少双方沟通不畅，融洽关系等。

多说“谢谢”是一种感恩，感恩是一种态度，它不是一种能够轻易加以控制的情绪。行为的改变往往伴随着态度的改变，怀有这样一种感恩之心去相处和生活，我们会渐渐感到两个人彼此在一起是一种上苍的恩赐。多说“谢谢”是一种尊重，反映出对对方人格的尊重和对对方的关注，有了这样的态度，往往就会减少双方不必要的伤害，即使做错了事情也能知错就改；尊重是维系婚姻的骨架，没有了骨架的支撑，婚姻怎能不塌陷？多说“谢谢”是一种珍惜，珍惜是一种爱的能力，是善于换位思考的能力，也是一种爱的发现能力，记住对方为自己所做的爱的细节，记住爱的来之不易，表达出自己的由衷感谢，让对方感到为你做的一切都是值得的，而不是一味地坐收其利，不知惜福。多说“谢谢”，是一种正能量，夫妻间若常心怀负能量，两个人往往是烦躁、冰冷、带攻击性的、阴暗的，且极具破坏性，这是因情绪管理不善造成的。负能量多会造成感情的冲突和分裂；如果心怀正能量，两个人则是平和、温暖、互补、明亮的，会给人一种修复、巩固的感觉。

婚姻关系就像一架天平，夫妻是天平上两端的砝码，这两端的砝码决定着婚姻关系是否能够保持平衡。当关系失衡时及时且真诚地向爱人多说“谢谢”，便可让失衡的天平慢慢平衡。夫妻间常怀感恩、懂得尊重与珍惜，时刻保持正能量，是保证婚姻质量的重要指标。

董女士是一个被老公数十年如一日宠爱着的幸福女人，尽管已年近半百，还如同小女人一般热衷于购物和打扮，近日更是疯狂地迷上了微整形，一心奢望岁月不要在她姣好的容颜上留下太过残忍的痕迹。能让她如此逍遥快乐的生活，完全得益于嫁了一个既能挣钱，又顾家，还对她百依百顺的“二十四孝”好老公，所有人都认为她会幸福一辈子。谁知，突然传来她婚变的消息，这让身边的人都目瞪口呆。谁也未曾料到，这样一个幸福指数极高的女人会遭遇婚变。正如歌中所唱：不是我不明白，这世界变化快！但这一切还是太快了，熟悉她的朋友早上还看到她朋友圈每天秀幸福，晚上就听说她老公提出了离婚，这样另类的“朝令夕改”的确让亲朋好友有些猝不及防。莫非她老公外边有人了？否则怎么会孑然一身，如此决绝地搬出了昔日的爱巢。

从丈夫“毫无征兆”地提出离婚那一刻起，董女士便将一切生活重心转移到摸清丈夫的行踪上，她花重金请来私人侦探对丈夫进行跟踪调查，却没有发现丈夫有任何外遇的线索。董女士对此百思不得其解，结婚20年来，丈夫任劳任怨地照顾着她和孩子，从内到外一手打理，面面俱到，家中的点点滴滴都刻着他深深的烙印，他怎么会没有一丝留恋说走就走了呢？

丈夫走了，董女士不得不亲自动手做家务，上高中的女儿也需要她的照顾。20年来十指不沾阳春水的她走进了她眼中的禁地——厨房，却不知所措，不知从何处下手。从前她在家里理所当然地活成了“皇太后”的模样，如今突然被打入“冷宫”，事事需要亲力亲为，这让她既难以忍受，更无法适应。她不会炒菜，不会用烤箱，不会选择洗衣模式，没电了，拿着电卡不知该怎样充电……她曾经忽略的一切家务事，现在都变本加厉地开始惩罚她。

当她看到丈夫给她留下的生活清单时，发现洋洋洒洒写了整整五大张纸，丈夫把家里的细枝末节都交代得一清二楚；当她打开衣柜，发现满眼都是丈夫为她买的衣服，而他自己却只用了一个20寸的行李箱就装走了他所有的家当；当她需要自己照顾一切，需要对这个家负责任的时候，是那么的无力与无助，真是叫天天不应，叫地地不灵。

一直令她费解的是，丈夫对她可以称得上是百般疼爱，呵护有加。家里的所有家务丈夫一个人全都包办，大小事情一人打理，一旦有什么需要，就让丈夫为她代劳，可她却从来不知道丈夫喜欢什么，甚至连他穿多大码的鞋子和衣服都是说忘就忘。丈夫对这种不平等的日子并没有提出什么异议，周围的所有亲戚朋友都夸他人好善良，说董女士简直是“祖坟上冒了青烟”才找到这样的好老公。对于别人的赞赏，他只是报以微笑以示接受。而董女士对于丈夫的付出则照单全收，刚结婚时她还知道珍惜，会道一声“谢谢”，慢慢地认为这些都是应该的，便心安理得地过着养尊处优的小日子。而且在她心里还隐藏着身在福中不知福的小苗头，因为最近中了微整形的“美毒”，花销直线上升，难免会埋怨老公挣得太少，经常会把“××的老公随便甩出一张卡就是几十万”这样的话挂在嘴边，她说得很随意，却没有注意到老公脸上的表情已经从无奈变成了厌恶。

整整20年过去了，这位丈夫真是一位N好男人，有着寻常男人没有的耐心，做了20年的“家庭雷锋”。只是他过于隐忍，才会把自己的老婆惯到如此地步。让他能痛下决心结束这一切，让自己重获新生的原因是，遇到了一位多年不见的老同学，与同学一番畅谈后，他看到了与自己截然不同的婚姻状态，羡慕之心油然而生。相比之下，深感自己在婚姻中是何等的辛苦。自己都已经快50岁了，却从来没有品尝过被人照顾和关心的滋味，只是像老黄牛一样家里家外埋头苦干，想到这里不免觉得心里一阵阵悲凉。再看看自己的妻子，从小娇生惯养，早已习惯接受别人的宠爱，并把它看作是天经地义的事情，从不懂得珍惜，更不会心怀感恩。如果再这样下去，自己的一辈子都会拴在这个女人和这个家上，他对这种能够预见到的结局感到痛苦又绝望。既然得不到妻子的理解和感恩，更得不到她的关心和照顾，整整20年的光阴，就算是上辈子欠她的，也该还清了。经过深思熟虑，丈夫带着自己的全部家当，一身轻松地离开了这个象征着辛苦与付出，却没有温暖与感恩的家。

从董女士的婚姻故事中我们可以看到一架失去平衡的天平，丈夫心甘情愿地为这个家付出了20年，妻子心安理得地享受了20年。20年的时间没有让妻子懂得自己所享有的这一切并不是理应如此，也不明白应该对给她带来舒适生活的丈夫怀有一颗感激之心，只是一如既往地坐享其成，并将此作为向人炫耀的本钱。在她心里，这种夫妻相处模式早已根深蒂固，在丈夫离开她的第一时间，她的反应是追查是否有第三者，却从未从自身角度考虑过问题，因此她体会不到丈夫在婚姻里的无望和决绝的心情，她也没办法领悟到付出与回报的能量守恒，更不明白夫妻间赖以生存的爱与尊重。

我很为董女士的丈夫庆幸，他能够有勇气突破长久以来的思维定式，争取自己下半生的幸福生活。同时，也为董女士感到惋惜，她错过了世间再难寻觅的好男人，但幸运的是她有福享受了20年来自丈夫无微不至的关心与照顾，这对于大多数女人来说，绝对是可遇不可求的奢望。

如果董女士能够迷途知返，意识到自己曾经犯下的错误，真正明白爱的含义，懂得珍惜，学会感恩，并由衷地向丈夫认错，发自肺腑地说一声“谢谢”，让丈夫从心底里感受到从未有过的爱与尊重；如果他的心没有被彻底凉透，或者她能有足够的热量把他那颗冷透的心重新温暖过来，相信这架失衡的天平有重回正轨的可能。

How to Change Your Husband in 30 Days

改丨变丨秘丨籍

感恩的心态会直接决定一个人在婚姻中的幸福程度，常说“谢谢”，有助于正在经历生活变故，或其他方面困难的两个人，共同面向积极的方向发展，经常表达谢意还能避免夫妻间因争吵而损害彼此的感情。感恩就像是一把钥匙，打开你所拥有的但是你不够重视的宝藏，把那些过去的回忆、共同走过的历程，清晰地展现在眼前，两个人在看过之后，一定会在感恩中对自己的另一半真诚地道一声“谢谢”，谢谢对方的多年陪伴和不离不弃。

第20天：给男人留面子

改变焦点：

目标：总被妻子揭短的丈夫

原因：以爱之名义恃宠而骄

焦虑：丈夫的面子总被妻子无情撕扯，颜面扫地

歧途：不分场合对丈夫颐指气使

真相：维护丈夫的面子与尊严，就是保全自己

曾经有一项调查：男人的死穴是什么？一万名参加调查的男人中，竟然有73%的人回答说：男人的面子就是男人的死穴。可见，面子对于男人而言，是天大的事情。作为女人，要懂得尊重男人的隐私，并学会在各种场合给男人留面子，这不仅是夫妻之间的相处之道，更是关乎婚姻是否幸福，甚至是否稳定的重要因素之一。

现代很多家庭中的妻子，都喜欢用丈夫对自己有多顺从，来衡量自己在丈夫心目中的地位和重要性，甚至以此来衡量丈夫爱自己的程度。于是，“妻管严”被冠之以爱的名义，成为男人向女人表决心的一种“流行病”。但女人一定要明白，男人心甘情愿患上这种病，是因为中了“爱”的毒，这一切都基于他爱你，所以，这种病只适合家中发作，在外边一定要让丈夫切换到往日的雄风，并尽全力维护他的面子与尊严。

01 面子就是男人的尊严

人类历史可以说是男人为了捍卫面子而苦苦挣扎的历史。一位外国专栏作家曾写道，“自尊心强的女人出去购物，自尊心强的男人侵入邻国”。看着像笑话，却绝非玩笑。男人在外打拼，辛苦、受委屈都可以不在乎，但唯独不能丢的就是作为男人的尊严。很多女性在谈恋爱时，男朋友可能会以玩笑般的口气告诉她们，在人后我听你的，在人前你可得给我留面子。

确实，男人视面子如生命，女人了解到男人的这一软肋，在不违背原则的前提下，在外人面前暂时委屈片刻，给男人留足面子又有何妨呢？常言道：“量大福大。”大度的女人也会赢得男人加倍地尊重与爱护。

但在现实生活中，有些妻子并不能理解男人的这种心理，有时在有意无意间会把在家中颐指气使的威风带到家外，当众显示自己在家庭中的地位和对丈夫的管束，并以此为荣，完全没有意识到这样做将会带来的严重后果。

如果丈夫当众听命于妻子，他就会感到狼狈不堪，威风扫地，日后很可能会成为社交场合中被人戏弄的对象，曾经树立起的良好形象毁于一旦。反之，如果丈夫不听从于妻子的命令和指使，做出反抗，难免会当众产生矛盾，甚至成为家庭“内战”的导火索。总之，不管哪一种情况出现，都会造成不良的后果和影响。

周六的晚上，正在家看电视的凌子迎来了一位“不速之客”。她的闺蜜罗拉满脸泪痕地出现在她家门口，进门后二话不说抱着她号啕痛哭，说要跟丈夫小郭离婚，因为他一点都不尊重她，竟然当着他朋友的面说她无理取闹。在她哭哭啼啼，语无伦次地叙述中，凌子总算弄清了事情的原委。原来，事先预计明天返回的罗拉，为了给丈夫一个惊喜，改变了行程提前返回。结果到家后，发现她上飞机前，在电话里应承她在家看电视的丈夫，其实约了一帮朋友到家里看球赛，整个家被弄得乱七八糟，四处狼藉。她进屋后，一脸怒气地大声质问他为什么要骗自己，谁知却只得到一句“无理取闹”，便再无二话。

等哭累了的罗拉睡去后，凌子离开家去找小郭。她到的时候，小郭正在收拾家里的一片残局。对于罗拉，他无可奈何地摇摇头，表示这次不会再原谅她。虽然自己依然爱她，但这种不被尊重的生活，他早已忍无可忍，实在没必要再继续勉强维持下去。从结婚到现在，罗拉总是独断专行地决定他的一切，而且有愈演愈烈之势，甚至连他该见哪一个朋友，都要听从她的意见和安排。

除了婚姻与家庭，他也需要有自己的空间和生活。其实，他们一直都是轮流到朋友家看球，只因大家都了解他和罗拉的相处状况，从来没人提议到他家来。这次，是因为罗拉出差在外，他们才相约到他家来一起看球。而他自己本已打算好，等明天罗拉按计划返回前，将一切恢复原样。没想到罗拉竟然会提前返程，还当着朋友们大发雷霆。

第二天，罗拉很早就醒了，凌子在吃早餐时问罗拉，是否真的考虑清楚要离婚。

罗拉依然态度强硬地表示，无论这次小郭怎么道歉，她都不会再给他机会了。

凌子顺着她的话，答道："对啊，那样懦弱的男人，不要也罢。认识这么久，完全没有男子气概和自己的主见，从来都只会跟在你背后转悠。"

听到凌子这样说，罗拉明显不高兴了，开始为小郭辩解，说丈夫那样做完全是因为爱自己，尊重自己。

凌子追问了罗拉一句："那么你爱他，你尊重他了吗？"

罗拉一时语塞，不知如何为自己开脱，她脑海中迅速回转出自己与小郭结婚这几年的情景，大多矛盾都是因为自己的蛮横而引发的，有时还会给他造成很多不必要的麻烦。想起自己总是拉着不愿意参加与不熟悉的人聚会的丈夫去参与她朋友的聚会，却总对小郭和球友们的聚会嗤之以鼻，百般阻挠。想到这里，她很快跟凌子告别，准备回家去找丈夫道歉。

当我们斥责男人大男子主义的同时，女人们的"女皇姿态"也开始走向另一个极端。恃宠而骄的女人，习惯性地以自我为中心来安排自己另一半的全部生活。这种骄纵又自我的感情，在热恋期间也许可以成为彼此间情感的调剂，但当进入到婚姻平淡期时，还延续以往的姿态，只会加快感情的破裂。

夫妻相处，互相尊重是根本，这是每个人都应该明白的道理，但回到现实婚姻生活中，又有多少妻子能够领悟到它的内涵与真谛，并切实奉行呢？对待丈夫，如果不能给他应有的尊重，又怎能留得住他的心呢？面子与尊严对于一个男人如同生命一样重要，因此，女人不要轻易地去触动男人这根有如生命般重要的敏感神经，如果这根神经一旦错乱，那么女人也会为之付出惨痛的代价。

02 怎样做到给男人留面子

聪明的女人应该像保护自己的爱情一样，爱护男人的面子与尊严，千万不要随意践踏，要在外人面前多给男人留面子。妻子这样善解人意的举止言行，也会得到丈夫对等的爱与尊重。爱面子、要尊严是男人终其一生的优点与弱点。自信是男人的易碎品，而尊严则是男人致命的伤，如果不想毁掉丈夫对自己的爱，就不要触碰他的这个致命伤。

有一位厂长的妻子很懂得如何给丈夫留面子，保尊严。当只有夫妻二人在家时，她说一不二，丈夫虽然是一厂之长，但是对她却是百依百顺，即使让他给她拿拖鞋，丈夫也是唯命是从，堪称“绝世好男人”。可是，一旦家里来了客人，或是公婆来到家里时，妻子就会立刻切换到以老公为主的频道，十分自觉地把自己放在服务的位置上，主动地给他们端茶倒水，并在他们聊天时，做上一桌色香味俱全的饭菜。对丈夫说的话也从不反驳，而是主动照办。

妻子这样做不仅给丈夫留足了面子，更维护了丈夫的外在形象，而且在无形中起到了支持丈夫工作的作用，还在外人面前树立起自己贤妻良母的形象，更重要的是让丈夫对她十分感激，并经常在人前人后夸奖妻子明事理、有分寸，在家中对妻子更加宠爱、关心和敬重。

这种不失身份的“御夫之术”确实高明，不仅维护了家庭的和谐，支持了丈夫的事业，也为自己博得了贤妻的名声，更赢得了丈夫的爱与尊重，可谓“一石四鸟”，值得女人们效仿。

面子，对于男人来说，没有任何东西可以代替。有人说，男人什么都可以丢，唯有面子不能丢，也有人说，男人的面子是女人给的，而作为男人的另一半，女人该如何在外人面前给足男人面子呢？

第一，修好自己的一颗心。女人要想在外人面前给足男人面子，就要多多修炼自己的内心，学会优雅，懂得外交辞令和必要礼节，你的表现可以为男人增光添彩，也可以让男人颜面尽失。因为在外人眼中，你说话交流时流露出的学识与智慧，待人接物时展现出的修养与风度，以及初次见面时呈现出的气质与风韵，都是帮衬男人面子的重要组成部分。否则只有玉树临风，却没有佳人相伴，又怎能显现出面子最关键的点睛之笔呢。

第二，对待丈夫要谦和。女人在家里对男人的态度不要颐指气使，特别是在家人和孩子面前，更不能对男人态度恶劣。在家里不给男人面子，会影响他在孩子面前的威严，造成以后很难再管教孩子的糟糕局面；在亲友面前，会打压男人的气场，降低男人的威信，使男人丢面子，失尊严。

第三，待客时要掌握分寸。不管你在家里把老公当成“行政总厨”，还是“家用电器”，在外人面前，一旦涉及他的面子时，一定要小心谨慎。在家里待客时，妻子要注意约束自己的言行，避免使用命令的口吻对丈夫说话，或做有损于丈夫威信的事情。不要把夫妻相处的隐私当作八卦谈资拿到外人面前随便乱说，以免伤害丈夫的自尊心。

第四，当着外人不揭丈夫之短。都说家丑不可外扬，与别人说话时，妻子不要揭自己丈夫的短，把他搞得狼狈不堪，让他颜面扫地，威信降低。你不经意间的笑话，却有可能成为别人奚落他的话柄。因此，在外人面前要时刻提醒自己给丈夫留面子，树威信，使他觉得自己像一个大男人，逐步培养起他的自信心，这也是一种巧妙的感情投资。无论对于丈夫外在形象的树立，还是对于家庭的和睦相处都大有裨益。

在某种程度上说，女人维护丈夫的面子与尊严，也就是在维护自己的面子与尊严。因为他不是外人，是你的丈夫，是与你被法律“绑定”的人。你们之间的一切都会刻下彼此的烙印，言行也会深受对方的影响，无论好与坏，正所谓，一荣俱荣，一损俱损。

How to Change Your Husband in 30 Days

改 | 变 | 秘 | 籍

男人就是爱面子爱到偏执的一个群体，如果妻子不理解他们的面子与尊严，就无法真正理解男人。你必须在某种程度上做好尊重和捍卫男人面子的准备，否则很难拥有幸福的婚姻生活。很多和丈夫感情不好的女人任劳任怨地给丈夫做饭，帮丈夫买衣服，却因为说话不小心伤害了男人的面子，导致所有努力都化为泡影。因此，聪明的妻子要想抓住男人的心，一定先要守护好丈夫的面子与尊严。

第 21 天：做丈夫的忠实听众

改变焦点：

目标：默然不语的丈夫

原因：失去了向妻子诉说心事的欲望

焦虑：丈夫凡事都憋在心里，夫妻关系越来越疏远

歧途：妻子的唠叨将丈夫的耳朵塞得满满的

真相：妻子没有留给丈夫倾诉的机会

在竞争激烈、物欲横流的今天，男人们像一匹匹上了套的马，无论是否情愿，无论是不是千里马，都要四蹄生风地驰骋在职场上。一天下来身心俱疲的男人，回到家里，最需要的不是身体上的休息，而是心灵上的放松和精神上的慰藉。聪明的妻子要想和丈夫达到心心相印、亲密无间的和谐境界，必须要了解他的心理诉求，让他可以开诚布公地向你袒露心声，增强丈夫对妻子的依赖感和信任感。

当他向你诉说他的感受和想法时，如果你能够认真倾听，并适时给予言语和行为上的反馈，便能在很大程度上让他在第一时间内，体会到你对他最直接的关心与爱护。同时，你认

爱与尊重，愿君心似我心

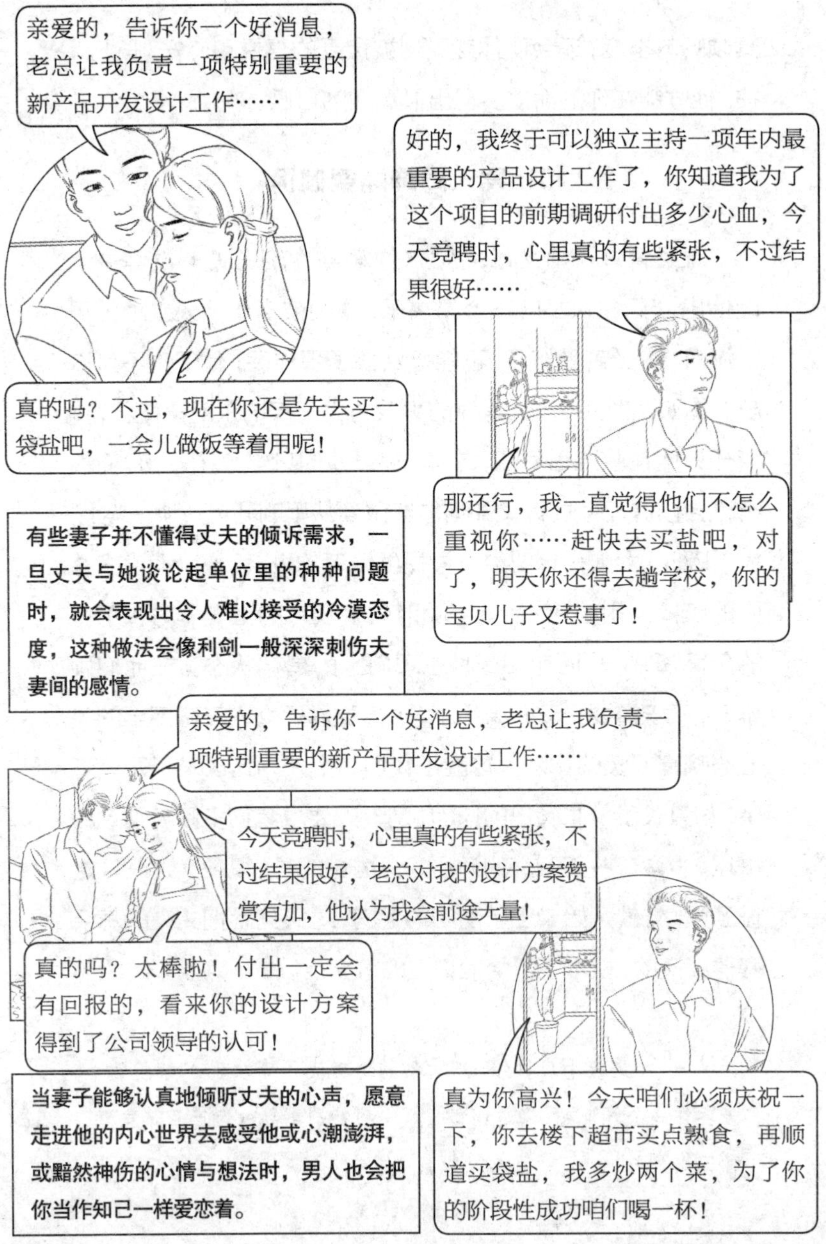
亲爱的，告诉你一个好消息，老总让我负责一项特别重要的新产品开发设计工作……
好的，我终于可以独立主持一项年内最重要的产品设计工作了，你知道我为了这个项目的前期调研付出多少心血，今天竞聘时，心里真的有些紧张，不过结果很好……
真的吗？不过，现在你还是先去买一袋盐吧，一会儿做饭等着用呢！
那还行，我一直觉得他们不怎么重视你……赶快去买盐吧，对了，明天你还得去趟学校，你的宝贝儿子又惹事了！
有些妻子并不懂得丈夫的倾诉需求，一旦丈夫与她谈论起单位里的种种问题时，就会表现出令人难以接受的冷漠态度，这种做法会像利剑一般深深刺伤夫妻间的感情。
亲爱的，告诉你一个好消息，老总让我负责一项特别重要的新产品开发设计工作……
今天竞聘时，心里真的有些紧张，不过结果很好，老总对我的设计方案赞赏有加，他认为我会前途无量！
真的吗？太棒啦！付出一定会有回报的，看来你的设计方案得到了公司领导的认可！
真为你高兴！今天咱们必须庆祝一下，你去楼下超市买点熟食，再顺道买袋盐，我多炒两个菜，为了你的阶段性成功咱们喝一杯！
当妻子能够认真地倾听丈夫的心声，愿意走进他的内心世界去感受他或心潮澎湃，或黯然神伤的心情与想法时，男人也会把你当作知己一样爱恋着。

真倾听的态度，还会使他感受到被接受的喜悦和心安，长此以往，他才能在你的面前展现出最真实的自己。

01 男人同样需要倾诉

曾经看过一篇文章，名为《快乐与性别有关》，文章中明确指出，“男性从小就不容易快乐，他们被当作顶天立地的男子汉对待，受苦受伤了，不能像女孩子那样哭；他们也不可以随意撒娇，他们被一种人为的勇敢与男子汉的东西挟持着，打掉牙只能往肚子里吞咽，这样一来，他们只学会了忍韧，而没有机会倾诉，不倾诉，又如何能够做到从里到外通透快乐呢？”

因此，女人一定要给丈夫提供倾诉的机会，鼓励他说出心中的苦闷与困惑，使他能够随时化解较大的工作压力和不良的负面情绪，从而保持一种乐观向上的精神状态。在他们倾诉时，不仅需要一双耳朵给予聆听，更需要女人无微不至的关心与嘘寒问暖的体贴。这就是我们每个人为什么长了两只耳朵，却只长了一张嘴巴的原因，是上天要求我们多倾听别人的讲述，少说一些无意义的话语。但遗憾的是，很多女人一旦走进了婚姻，就开始染上了唠叨的毛病，一天到晚把丈夫的耳朵塞得满满的，根本不留给他说话的机会。

一天，丈夫下班回家，兴致勃勃地对妻子李玫说：“亲爱的，告诉你一个好消息，老总让我负责一项特别重要的新产品开发设计工作……”

丈夫话音未落，李玫就急不可耐地说："真的吗？那就好。不过，现在你还是先去买一袋盐吧，一会儿做饭等着用呢！对了，咱家的热水器好像出了点问题，吃完饭你去检查一下好吗？"

"好的，亲爱的，我终于可以独立主持一项年内最重要的产品设计工作了，你知道我为了这个项目的前期调研付出多少心血，今天在竞聘的时候，心里真的有些紧张，不过结果很好，连公司老总对我的设计方案都赞赏有加，他认为……"

妻子又一次打断了正在兴高采烈分享喜悦的丈夫："那还行，我一直觉得他们不怎么重视你……先去买盐吧，有话吃饭时候再说。"丈夫一脸无趣，无可奈何地去买盐了。

吃晚饭时，丈夫忍不住又提起开发设计的事情，这是他第一次独立主持这样重大的任务，也是进公司以来第一次得到老总如此器重，所以，他心里既兴奋，又有些胆怯，特别渴望得到妻子的理解与鼓励、认可与支持，并与她一起分享对自己而言值得庆祝的一天。可是，李玫却再一次肆无忌惮地打断了他的话："我说你别尽想着自己的事好不好？孩子的成绩最近下降了不少，对你的宝贝儿子我已经使出浑身解数了，你也应该管一管了，你最好明天抽空去学校一趟，跟他的班主任老师见个面，谈一谈情况……"

丈夫的很多话还在喉咙里排着队，却被硬生生地憋了回去，他叹了口气，"哦"了一声，默默地吃着晚饭，然后闷闷不乐地坐到沙发上抽起烟来。从此，丈夫在单位里无论遇到了什么情况，回家后都不愿再向妻子倾诉，但他心里却感到格外的孤单与寂寞。

婚姻中，做丈夫的在事业上取得了进步或成功，急于告诉自己的妻子，说明妻子在他心中占据着重要的地位和分量。然而，个别做妻子的并不理解丈夫的这种心理需求，她只关心“家庭内政”，一旦丈夫与她谈论起单位里的种种问题时，就会像李玫一样，表现出令人难以接受的淡漠态度，这种做法会深深地刺伤夫妻间的感情。当丈夫不愿再与妻子分享他的悲伤与快乐，回到家默然无语时，妻子又会抱怨丈夫对她越来越冷漠，其实，日后他的冷漠缘于今日你的无视。

丈夫在单位里经常会遇到种种不顺心的事情，有时是工作上的失误，有时是人事上的纠纷，有时是人际关系方面的烦恼，有时是其他意想不到的难题……丈夫带着迷茫和困惑的心情回到家里，急于向妻子诉说，说明他想从妻子那里得到安慰与鼓励。这时，作为妻子，应该做一名忠实的听众，认真地倾听丈夫诉说自己的心事，即使不会开导他、鼓励他，只要做到认真倾听，就能够让他打开心结，疏解郁闷。

02 女人学会认真倾听

与此同时，妻子要学会认真倾听，而不是去说或去做。丈夫下班回家后，也许会唉声叹气，牢骚满腹。有的女人听到男人唠叨后，神经马上紧绷起来，以为发生了何等大事，忙不迭地开始为他出谋划策。一条条、一款款列出很多建议和意见，教他该如何去应对。

事实上，丈夫发发牢骚，大多数情况下只是跟你偶尔“撒下娇”而已，他是把你当作最亲近、最信赖的人。其实，他需要的只是一个倾听的对象，而不是一个“女诸葛”。退一万步讲，就算他的工作真的出现了状况，他也并不希望自己的妻子以一个胜他一筹的谋士身份为他运筹帷幄，这会让他感到男人的尊严和能力受到挑战，长久以来树立的大男人形象瞬间荡然无存。所以，此刻你要做的，只是贡献出你的耳朵和真心就可以了。

一千个人眼中有一千个哈姆雷特，一千个女人心中有一千种对幸福婚姻的理解。当你感受过丈夫用心去倾听你心声的刹那，那种幸福感和信赖感会如涓涓细流般缓缓渗入心底，让你切身体会发自内心的幸福。

同样，当你能够认真地去倾听丈夫的心声，愿意走进他的内心世界去感受他或心情澎湃，或黯然神伤的心情与想法时，他也会对你的似水柔情充满了感恩之心。一个好妻子应该成为丈夫的“安定剂”“共鸣板”“加油站”或“避风港”。这样，丈夫才能把妻子当作知己一样爱恋着。

一位心理学家认为，“作为一个妻子应该做的一件重要的事情，就是让她的丈夫尽情地倾诉在办公室里不能宣泄的苦恼”。聪明的女人都会静下心来倾听丈夫的心声，做丈夫最忠实的听众。当丈夫讲述自己高兴的事情时，会和他一起分享喜悦；当丈夫倾诉不愉快的事情时，会理解他、开导他、鼓励他。

娱乐圈里让人钦羡不已的伴侣姜文和周韵是在2001年拍摄《天地英雄》时相识的，他们走到一起，与一次倾听有关。

当时《天地英雄》剧组的拍摄地在青海，正值隆冬，大雪纷飞，因为师承同一位老师的缘故，姜文和周韵这对年龄相差15岁的师兄妹，有了许多共同语言。拍戏之余，他们经常围坐在火堆旁聊天，从戏里到戏外，从表演到人生，很多时候都聊到忘我。

有一次，姜文喝醉了，一个人坐在火堆边痛哭。周韵走过去，姜文与她聊起了自己的烦恼。原来，那时的姜文已与法国妻子桑德琳分居，久久无法见到女儿的他，深陷思念之苦而无法排解。正是这次诉说，深深打动了周韵，“我没想到在姜文豪爽的背后，也有孤独与寂寞”。而她的柔情恰如其分地填补了姜文内心的伤痛，她的温情脉脉与善解人意让一向以硬汉示人的姜文也不免沉沦其中，两人很快陷入热恋，并于2005年年底注册结婚。

婚后，因为周韵的善于倾听，桀骜不驯、脾气火爆的姜文开始慢慢收起了耀眼锋芒，变得沉静内敛，并经常心怀感恩和喜悦之情，周韵成为他心中最温暖的“太阳”。结婚多年，他们的甜蜜只增未减，彼此间一个宠溺的眼神就流露出无法隐藏的爱，他们的感情堪称娱乐圈的一股清流，两个人也活成了最佳伴侣应有的模样。虽然没有那般轰轰烈烈，却能做到彼此陪伴，看那细水长流……

杰利密·泰勒说过：“倾听是女人的魅力之一。微笑着倾听丈夫烦恼的女人，远胜过空有一张漂亮的脸蛋却喋喋不休的女人。”在一段稳定的长期关系中，高情商的妻子总是善于通过倾听来体会爱人的苦衷，分担爱人的烦恼，为爱人排忧解难，给爱人以信心和力量。

当男人有压力时，妻子应该表示出百分之百的理解和支持，让丈夫感受到即使再苦再难，你也会陪他一起同风雨共患难。有些男人喜欢自己去消化压力，这时女人要适当给男人一定的独处空间。当男人主动找你沟通和倾诉时，你一定要耐心地做好一名听众，以多疏导、多鼓励为主，也许丈夫并不需要你提出任何切实可行的具体解决方案，只是想跟你吐一下槽，排解一下心中的苦闷，而你的精神鼓励就仿佛输血站一样，能够让他满血复活，重新充满力量，以全新的姿态面对挑战与压力。

How to Change Your Husband in 30 Days

改 | 变 | 秘 | 籍

夫妻相处久了，新鲜感也会日渐消磨，呈现出无话可说的“凑合”状态，这往往是因为很多夫妻不能适应婚姻和爱情的“脱钩”。这时，身为妻子，需要调整好自己的情感需求，换位思考，学会倾听丈夫的心里话，这样不仅能够增进情感的交流，更会得到丈夫的认可和信赖。当你们在适度的表达、认真的倾听中共度良宵时，那才是婚姻中的一道美景、一种甜蜜、一种无法言说的幸福。

第22天：陪丈夫静静地待会儿

改变焦点：

目标：喜欢让妻子陪他安静坐着的丈夫

原因：男人与女人的交流方式有着明显不同

焦虑：无法理解男人默然不语的交流方式

歧途：擅闯丈夫的交流禁区，对他喋喋不休

真相：男人认为肩并肩式的交流是增进感情极为重要的方式

男人和女人生来就是截然不同的两种生物，不仅生理结构有着明显差异，思维方式和心理想法也是大相径庭。正像人们经常提到的比喻：男人就像蓝牙，只有在你接近时，他才会找上你，当你离开后，他便又去找其他的“设备”了。而女人就像Wi-Fi，她能看到周围所有的“设备”，但只选择信号最强的那个“接入”。

因此，在婚姻中，如果不懂得爱人的思维方式，不清楚他真正需要什么，他就会感到两个人在一起很累，认为你根本不懂他。就像他明明喜欢苹果，你却以为他喜欢梨，为了表示对他的爱和关心，不断地给他梨，结果这份爱与关心从根本上与他的心意就是南辕北辙。所以，我们要学会去了解对方的思维方式，学会换位思考，接受彼此之间存在的差异，这样两个人的感情和婚姻才可能长久。

01 不要闯入男人的交流禁区

对于男人深沉的一面，女人费尽心思仿佛也永远读不懂。其实，男人世界里也有“Yes”和“No”，女人要想赢得男人的欢心就要先了解男人世界里的规章制度，正确进入“Yes”的领域，切勿踏进“No”的禁区。

在婚姻与爱情中，男人的禁区就像养在玻璃鱼缸里的鱼，因为玻璃是透明的，他不可能阻止你看见。但是，你不能试图越过玻璃。当你有意无意穿过了这层玻璃，他便像从戒备状态进入战斗状态的刺猬，竖起满身的刺，向你宣战。因为这个禁区，有多少甜蜜的爱情被撕开了致命的缺口？

一天下班后，妻子跟丈夫像往常一样闲扯着家常，妻子突然问了一句：“今天工作怎么样？”如果男人只是敷衍地说了句“凑合吧”，便盯着电视新闻不再出声。那么，作为妻子在发现自己被冷落时，应该清醒地意识到丈夫不愿跟你说话是暂时的，也是情有可原的，和爱与不爱没有任何关系。

女人一般以为下班后与丈夫聊天，是增进感情的一个最好方式，而男人则认为刚下班后并不是谈正事的好时机，他只愿意与妻子在一起享受无言的宁静与温馨。这种沉默行为也有他生理上的原因：男人的大脑在处理某件事时是相对专注的，当他沉思于工作或专注于新闻时，他的大脑正忙于逻辑思维，而他的语言功能正处于休眠状态。

给他时间让他平静下来，可以使他恢复谈话状态。新婚的崔英发现一个规律：丈夫回到家，打开电视，就自动处于一种半休眠状态。她清楚地记得在他们刚刚住在一起时，她曾想尽办法和丈夫搭话，但他却一直无动于衷，完全视她的问话如空气，崔英心里像打翻了五味瓶一般。但后来她发现，只要让丈夫安静地待上一小时左右，他就会主动跟她讲一些工作中的事情，之前她所认为的尴尬氛围也随之得以化解。

男人和女人在跟异性谈话时，坐的位置和目光交流的方式会有所不同。女人喜欢面对面坐着，眼睛直视对方，以示尊重；男人则习惯肩并肩坐着，或对角而坐，眼睛环视四周，不会盯着对方直视。对于女人来说，面对一个总是注视着墙上壁纸暗纹的男人，她很难敞开心扉；而对于男人而言，谈话时有人直勾勾地盯着他看，会让他感到局促不安，难以放松。

为了适应男性这个特殊的习惯，你可以利用你在他身旁的机会同他交谈，比如在车内、在电影院等，只要不死盯着他的眼睛，他就会很舒适放松地与你进行交谈。26岁的叶子曾表示，丈夫和她最愉快的谈话是他们在一次旅途中，他谈到他的童年趣事，以及两个人美好的未来，这是男人不常谈论的话题。他们说得兴高采烈，直到目的地还意犹未尽。

02 男人喜欢肩并肩式的交流

男人和女人在交流过程中产生这样的差异，主要是因为男性处理信息的过程有别于女性。如果妻子想让丈夫知道自己对他的爱，那么，当丈夫提出想让你和他待会儿，看他干活或陪他一起看电视但不要说话这样奇怪的请求时，妻子一定要满足他。因为丈夫这样做，在他看来，是在以一种他认为极为重要的方式增进两个人的感情。但在女人眼中，却觉得无法理解，沉默怎么会是交流的方式呢？女人虽然心里有困惑，也要消除疑问，按照丈夫说的去做。因为男人的交流方式更倾向于简单的肩并肩式的交流，而不是面对面的交流。

长期从事婚姻研究的布朗大学教授斯科特·郝兹曼指出，在日常谈话交流中，尤其是针对尖锐和敏感的话题，持续、直视的眼神交流会让男性感到恐惧，而且面对面时，男性会本能地进入“生存模式”——“要么战斗，要么逃跑”。所以，如果和丈夫谈话，最好选择肩并肩的姿势，比如一起散步、开车或坐在沙发上看电视等。

一个周末的傍晚，女人和丈夫吃完饭，她懒懒地躺在沙发上，丈夫坐在沙发的另一端看手机，屋里静得能听到钟表的“嘀嗒”声。突然女人显得很受伤的样子说：“我们就不能说会儿话吗？”丈夫平静地回答：“我觉得就这样和你静静地待着，特别舒服。”

03 陪丈夫静静待会儿

当男孩成为男人，遇到自己爱慕的女人，与之恋爱，向她求婚，走进婚姻。男人还会用男人的视角，来看待与妻子的关系，认为妻子与自己肩并肩的兄弟无二。因此，他们会向女人提出一个自认为最为亲密的简单请求：“亲爱的，过来和我待一会儿。”刚开始，妻子很开心地坐在丈夫身边，以为丈夫要和自己吐露心声，不想只是并肩无言地坐着，但她并不会提出异议，那时的妻子确实是男人心目中真正意义上的朋友。其实，很多妻子都无法理解这种相处方式，而丈夫对此也不愿过多解释。

生活一天天继续，有了孩子要照顾，有了越来越多的家务事要处理，不再有时间让两个人在一起傻坐着，妻子也没有耐心和时间和丈夫并肩而坐，所以妻子只要逮住与丈夫共处的机会就会开启谈话模式。对她来说，话只有说出来，夫妻间因琐事产生的隔阂才能及时得以修复，而一言不发的这种“神交”，实在是难以领教的“神功”。

男人和女人最基本的交流需求本就存在着天壤之别，妻子想通过交谈拉进与丈夫的关系，而男人骨子里就信奉着肩并肩式的交流方法，相处期间很少说话，或者一言不发。依此可见，在交流方面，夫妻间需要包容和迁就各自的习惯，就像在面对其他方面一样需要求同存异。有时丈夫要包容妻子，学会面对面与妻子做深度沟通；而妻子也要学会这种男人式的肩并肩交流方法。当丈夫要求你和他静静地待会儿时，不妨依他而行，他虽然嘴上不说，但心里一定会把你当成知己，也许你很快就会发现，彼此并肩而坐只是一个引子，不久他的谈话通道会因为觅得知音而彻底被激活，虽然只是间歇性的，但你在他心里的位置和感觉已和从前大不相同。

古玩城有一家卖老式钟表的夫妻店，店里有客人时，妻子会笑脸相迎，简单地介绍一二，遇到专业人士则需要丈夫亲自出马。店里没客人时，夫妻俩会像对待自己的孩子一样，细心擦拭每一件钟表，两个人只是静静地各干各的，有需要维修的钟表时，丈夫在灯下修表，妻子就坐在一边静静地陪着他，什么也不说，每当整点钟声响起时，美妙厚重的声音在小屋回荡，两个人和一屋子的钟表像极了年代久远的油画作品，安静而祥和。

对于他们这样的生活方式，我很是向往。经营着一家因兴趣而起的小店，不争不吵，一副现世安稳的模样。因为经常去他家闲逛，我跟他们夫妻二人渐渐熟络起来，谈起他们间的这种默契，女人说他俩在家也是这样，老公鼓捣着自己的这些“玩具”，她就在他身边，要么帮他干活，要么闲聊两句，她老公很喜欢这样的相处方式，话虽不多，却很温暖。女人说她开始也觉得不适应，毕竟女人都喜欢充分表达，但后来她的丈夫感觉自己的习惯被妻子接受和尊重，他对妻子也更为关爱有加。

夫妻间如果很久没有真诚地在一起交过心、谈过话，不妨试试这种肩并肩式的交流方式。如果妻子在倾诉自己心声时，丈夫有些不耐烦地打断了你的谈话，静静地走开，在这种情况下，想把他重新拉回到你的身边，最简单的方式就是在他看电视或看书时静静地陪着他，不用没话找话，就在一起安静地坐着。坚持一段时间，就算他在行动或语言上暂时没有表露出什么，但整个人会因为妻子的安静陪伴而感到活力焕发，心里同样会对你的理解和尊重表示感谢。

How to Change Your Husband in 30 Days

改 | 变 | 秘 | 籍

丈夫有时会有一种妻子并不能理解的需求，比如傻坐在一起，什么都不说，虽然你觉得既无聊透顶，又浪费时间。可当你满足他这种需求，静静地陪他坐着时，他对你的爱就在这一次次肩并肩地静坐中一点点增加。

第23天：对婆家真心相待

改变焦点：

目标：不愿受夹板气的丈夫

原因：婆媳关系是世界上最微妙的一种存在

焦虑：媳妇与婆婆很难做到亲如母女

歧途：媳妇大肆宣扬如何对婆家人百般照顾，无微不至

真相：多一点真心和付出，能够熨平婆媳关系间的矛盾

女人结婚后与婆家关系的好坏，会直接影响到夫妻关系，而在与婆家的相处过程中，婆媳关系又是重中之重，它是世界上最微妙和最难处理的关系之一。她们同爱一个男人，也分享同一个男人的爱，她们分别影响这个男人的前半生和后半生的生活。两个女人在同一屋檐下和平共处，需要高超的技巧和艺术。

网络上曾经有人开玩笑提出一个选择丈夫的标准："有车有房，父母双亡。"这虽然有恶搞和夸张的成分，但也自然流露出天底下的媳妇对婆家人的复杂情感。一般来说，能维持表面上的和睦相处、不起争端的婆媳已实属难得，真正能够做到亲如母女的婆媳极为罕见。

但婆媳关系也不是百攻不破的坚冰，既然源于爱，定能解于爱。只要对婆婆多一点真心，少一些计谋；多一点付出，少一些索取，就能慢慢熨平婆媳关系间先天的沟沟壑壑和后天的磕磕碰碰，让丈夫少受一些左右为难之苦，让婚姻多一些温馨。

01 对待婆家不要邀功

很多惨痛的事实摆在我们面前，与婆家相处不好的女人，婚姻也很难幸福。越来越多的女人深深地领悟到这一点，开始为了自己的婚姻尽力讨好婆家人，这是一种好的觉醒与缘起。但是该如何讨好，怎样把握好一个度，才能既不落于心机，又不陷入刻意，则需要讲究正确的方式方法，值得女人去深思熟虑。如果盲目去讨好，很可能会尝到吃力不讨好的苦果，甚至因为自己的言语不当，给婚姻带来危机。

蔓玲自认为是一个“五好”妻子，不仅把孩子和丈夫照顾得无微不至，家中打理得井井有条，更重要的是对待公婆的态度也无可挑剔。逢年过节的礼物和红包从未缺席，公婆身体不适，她会跑前跑后精心照料，隔三岔五还会请全家人一起聚餐以增进感情。

但前两天闺蜜跟她说的一番话却让蔓玲愁眉不展，一肚子委屈。原来闺蜜悄悄告诉蔓玲，在餐厅吃饭时，无意间听到她的小姑子和婆婆在背后说她的坏话。蔓玲开始半信半疑，她相信闺蜜不会骗她，但又不相信婆家人会这样对待自己。因为她住在一个小县城，社交圈子很小，想要打听一件事再容易不过了。经过多方核实，果然如闺蜜所言，甚至是有过之而无不及。

蔓玲回到家后一头扑在丈夫怀里号啕痛哭，她不明白为什么自己的一片真心却换来这样的结果。丈夫听完妻子的哭诉，也深感意外和不解，便回到父母家一问究竟。毕竟是母子连心，母亲没有对儿子隐瞒，之所以会和女儿说媳妇的不是，就是因为蔓玲把对婆家人的好到处宣扬，言语间充满了邀功的味道。时间长了，外面的人都说婆家人对蔓玲不好，但蔓玲却能委曲求全，不计较个人得失，一如既往地孝敬公婆，这样的媳妇真是打着灯笼都难找，还都劝他们不要身在福中不知福，这让婆家人听后自然心生不快。彼此间的心结就此结下，且有越结越深的趋势。

蔓玲的遭遇值得我们深思，婆媳关系本就是世间最微妙的一种存在，在面对婆家时，一定要秉持“多一事不如少一事”“多一言不如少一语”的原则，以求得“相安无事就是好事”的和平共处。作为媳妇，对婆家人好是责任也是义务，不能将分内之事四处宣扬，以求获得他人的认可。

其实，不仅是婆媳关系，与他人的日常交往也是同理，对别人的好，不能由自己口中说出，别人说出的好才是真的好。一旦自己主动说出，就成了邀功，变了味道，明明为对方付出了真心，却被怀疑成别有用心。怀疑的种子一旦种下，就会无法遏制其疯狂生长。所以，对待婆家人一定要好得无欲无求，才有可能赢得他们的认可与感激。

02 真心相待才能不受束缚

世间只有两种女人可以在婆家昂首挺胸，不受束缚。一种是经济实力相当雄厚的女强人，一种是真心对待婆家，并对婆家有足够信心的普通女人。谁都渴望做前者，但却不是人人都能做到。至于后者，在起始阶段做到相对容易，可随着时间的推移，各种问题的暴露，想要始终不渝地做到真心相待，则需要时间的磨合和不断的修炼。但只要从心里消除隔阂，确信对他们的真心，就可以达到相处的另一个境界，自由自在地发表意见，无须再刻意表现，一切都是心之所行。

如要想要和婆家和谐相处，首先就要让自己千方百计、不遗余力地从心里真正接纳和爱上他们。不管在何时、何地，遇上何人、何事，都不要将婆家的不好到处传播，更不能谩骂和诅咒婆家，要时常夸奖婆家，即使在开始时或许有些违心，也要坚持下去。这样的训练最好在与婆家的感情空白期就尽早开始，以免婚后因为生活中的一些琐事，不小心给彼此的心灵留下伤痕，再想通过之后弥补，真心爱上对方就更加困难重重了。

人是日久生情的感情动物，需要长时间的真心付出和相互磨合，等到对彼此产生了真感情，并将爱的训练融入到日常言行，即使不再刻意迎合，也会自然而然地说出令他们开心的话语，做出让他们满意的事情。亲密关系一旦建立，只要用心维护，就可以保持相对的稳定性。虽然生活中难免有磕碰争执，但因为他们了解你的真心，很容易就可以获得谅解。

How to Change Your Husband in 30 Days

改丨变丨秘丨籍

谈恋爱是两个人的事情，而结婚则是两个家庭的结合，如果想要维持婚姻的和谐幸福，必然要处理好与婆家，特别是与婆婆的关系。有意挖掘并训练自己的包容、大度、迁就、适应、屈服、接纳、宽容、妥协、谅解、韧性这“十项全能”的潜质和特长，并逐渐将其运用得宜，不仅可以与婆家人和睦相处，还可以增进与丈夫的感情，更可以用来应对职场中的各色人等，可谓一举多得的社交秘籍。

第 24 天：关键时刻给丈夫力量

改变焦点：

目标："强者"丈夫

原因：希望给妻子和家人更好的生活，报喜不报忧

焦虑：丈夫不愿增加妻子的压力，遇到问题宁可一个人扛

歧途：妻子一味地让丈夫努力努力再努力

真相：再勇敢、独立的硬汉，也有脆弱的一面

男人与女人相比，的确能够以强者自居，但这个"强者"的人设只是相对而言。当男人遇到挫折或困难时，难免会感到心情沮丧、压力山大、焦躁不安，这时他们最希望得到的就是女人的安慰与支持。

无论多么成功的男人，在家庭中、在事业上大多得到过好妻子的帮助和指导。这种丰富的细节关怀和女性特有的温馨扶持，常常使男人克服了自身的弱点，在温暖和鼓励中实现了志愿与追求。妻子的这种帮助，并不像传统教育者那种专科专项、内容分明的培养，它是一种润物细无声，却可以产生巨大推动力的无名英雄式的传导。好妻子就像深藏于大树下泥土中的密集树根，从四面八方各种角度汲取丰富的营养，精心培植那棵挺拔于风雨中的男人之树，而男人在那些善良、宽容和智慧的妻子面前，由成熟到成功的蜕变，与爱妻的叮咛与嘱托密不可分。

一个善解人意的妻子，一个在任何时候都能为丈夫分担困难和挫折的女人，对男人的成长会起到无法估量的激励作用。好妻子是朋友，丈夫可以在她面前释放所有的忧伤和脆弱，可以放肆地像孩子一样痛哭流涕，可以毫无顾忌地讲述深达灵魂的故事，可以把在生活乃至生命中的遭遇与不堪，都对这位最忠诚的听者诉说。一位好妻子可以为丈夫容纳他全部的生命内容。

01 支撑丈夫走出困境和低谷

某一天，一个绝望的中年男人从七层高的楼顶纵身跳下。他为什么要以这种孤独而决绝的方式毅然结束自己宝贵的生命？

因为他活在极度的焦虑和恐惧中，每天迎接他的不是生机勃勃的新一天，而是令人窒息的压力与嘲讽。

他是一个家族企业的老板，自己一手经营的事业近期遭遇到前所未有的经济危机，他已无力承担这接踵而来的变故和打击，也没有勇气和心情再去面对自己昔日亲人的白眼和嘲讽，以及周围朋友的冷漠和躲避，他对这个残忍又冷酷的世界充满了敌意与怨恨，最后，他选择了以跳楼的方式结束自己的生命，也结束一切。

原本，他的事业经营得风生水起，只因和别人做生意时不小心落入了圈套而亏损了一笔巨资。但最令他痛心的不是金钱上的损失，而是往日里那些对他点头哈腰、低眉顺眼的亲人们纷纷躲之不及，生怕他开口向他们借钱，其实这些亲人的很多钱都是依靠他的帮助而赚来的。他不敢把真相告诉妻子，他认为妻子无法和他一起面对并承受这突如其来的残酷现实和一触即发的狂风骤雨。长久以来，妻子一直以他为荣，并始终坚信他会永远成功，这份信任在给他带来动力的同时，无形之中也带来很大的压力。他没有勇气告诉她这些飞来的横祸，担心一旦和盘托出，会令她的幸福和希望破灭，甚至像其他人一样远离自己。于是，他能做的只有逼自己走向绝望的深渊。

就这样，男人带着事业上的困境和无处可诉的苦楚，走上了自己办公楼的顶层。当他站在楼顶的那一刻，心中产生一丝不舍，自己还年轻，因为事业上的坎坷就轻易结束自己的生命，太过可惜和不值，但脑海中马上又闪现出亲人的白眼和无法将真相告之的妻子，他又不由自主地向前挪动了死亡的脚步，一念之差，男人从七层高的大楼纵身跃下。

按照常理，这一跳必然粉身碎骨，无力回天。但让人难以置信的是，他浑身上下所受到的伤害，只是擦破了胳膊而已。原来在他跳下时，正好有一个阳台的雨篷接住了他快速下坠的身体。

当他清醒过来，发现自己还活着后感到惊喜交加。此刻所有的困境和债务与这个劫后余生的奇迹相比，都已不值一提。如果之前他认为自己的生命是处于“地狱”底层的悲惨世界，只有无路可逃和生不如死，那么现在，他为自己还能好好地活着而感到大喜过望。

他赶紧回到家把真相向妻子全盘托出，并把跳楼后的奇迹生还也告诉了她。妻子最初有些激动，随后一把抱住他号啕痛哭，一边哭一边捶打着丈夫的肩膀。男人压抑已久的情绪在这一刻得到了酣畅淋漓的宣泄，两个人的感情在彼此的泪水中无限升华。妻子责备他为什么不早一些告诉她真相，并万分庆幸他没有摔死，如果他真的死了，自己也会痛不欲生。同时妻子也对自己的粗心大意悔恨不已，丈夫承受了如此大的压力，作为妻子，应该一起面对困境，解决问题，给予他全力的支持，可她竟然丝毫没有察觉。

她轻声地安抚着男人，开始和他一起想办法，并拿出自己多年的积蓄，以及金银珠宝和一些股票，希望通过自己的努力来帮助丈夫渡过难关。男人再次感谢上苍能给他一次重生的机会，否则怎么对得起妻子的一片真情。

就这样，原本几个月以来一边在痛苦的深渊中挣扎，一边还要在妻子和家人面前装作若无其事的他，在此刻与妻子敞开心扉诉说心事，并得到她的赤诚相待，才真正走出了绝望，消除了不安，终于可以放下沉重的包袱，专心思考该如何渡过难关。

经过近半年夜以继日地不懈努力，他的事业逐渐重新步入正轨，负债也一点点还清。更重要的是，他学会了如何与妻子一起面对事业上的瓶颈，同甘苦共患难，就像他们一起分享胜利与成就那般。

而妻子除了以丈夫为荣之外，也更加理解和关心他的工作状况，不再似从前那样只知道一味地让丈夫努力努力再努力，却忽略了丈夫心理和情绪上的变化。她懂得了要让丈夫知道自己对他的满意，以及对他工作的询问也只是关心不是强求，挣钱多少不重要，顺心就好。在丈夫整日忙于工作，没有时间陪伴自己和家人时也不再抱怨，而是尽心打理好家庭，做好他的坚强后盾。等丈夫回到家，给他一个温暖人心又充满激励的拥抱，在闲暇时间多与他沟通，帮助他做一些力所能及的事情。丈夫在妻子的扶持下，事业蒸蒸日上，日子比之前更加温馨红火。

不幸中的万幸，这是一个峰回路转、柳暗花明的结局，否则，男人很有可能枉送自己的宝贵生命并且到死他都不会明白妻子对他的深情厚意，不知道妻子能和他一起共渡难关，更不知道妻子远比他想象中更加坚强与大度。

02 时时给丈夫以鼓励和信心

深爱妻子的男人们总想把世间所有的美好事物都送给妻子和家人，想成为事业上的成功者，想在妻子心中树立起强者的形象。所以当事业进展不顺利时，他们首先想到的就是尽全力瞒住自己的妻子，不让她知道，以免因承受不了痛苦和打击而心惊胆战，夜不能寐。甚至由于大男子主义作祟，怕妻子认为自己原来也不过如此，进而破坏自己好不容易树立起来的强者形象，他们耻于承认自己的脆弱，更不愿承认自己被打败。

事实上，他们从没有想到，无论好坏，他们都应该让妻子与自己共同来面对并解决这些难题，进而携手走出困境。因此，女人在了解男人的软肋和这种“英雄情结”后，应该主动对男人给予心灵上的抚慰与关怀，才能化解男人心中不为人知的苦闷与困惑。

也许，我们经常看到的情景是，很多男人也想把心中的困扰说给妻子听，但妻子们有可能不想听或不知如何去听。美国心理学家曾对许多在大公司上班的女人做过一组调查，最后得出的结论显示："每个好妻子都应该做好一件很重要的家庭功课，那就是做一个好听众，让老公把他在办公室里无法发泄的苦闷、烦恼全都说出来给她听。"

任何一个现在或曾经身处职场的女人都会有这种体会，如果她可以和家里的某个人谈一谈一整天在工作上所发生的事情，不管是好的或是坏的，对她而言都是一件身心能够得到充分放松的事情。从心理学角度来说，能有一个渠道来抒发心事和情绪，比凡事放在心里要好很多。

在办公室里，我们经常没有机会对所发生的事情发表自己的意见或建议，如果今天的工作特别顺利，我们既不能喜形于色，更不能放声歌唱；如果我们遇到了困难和挫折，也不想或不能把这些麻烦抱怨给同事听，因为身处相同的环境，又有着千丝万缕的利益关系，自然不能畅所欲言，何况他们自身也面临着诸多棘手的问题和困扰。

因此，当我们回到家中，若能有一个抒发情绪的渠道，对于每个人来说，都是幸运且必要的。女人尚需如此，更何况那些工作压力和社会责任更大一些的男人呢？懂得做一个好听众的女人，不仅能够抚平丈夫因工作带来的创伤，也能让他在家中感受到避风港般的温馨与暖意，还能增加男人对女人的信赖与依恋。

其实，再勇敢、再独立的硬汉也有柔情的一面。一个男人在外边摸爬滚打地闯荡江湖绝非易事，难免会有受伤或疲惫的时候，当他打算停下来歇一歇时，妻子的柔情和体贴的话语就是无可替代的疗伤药。当他满身疲惫地回到家中，向你诉说心中的苦闷，给他一个发自内心的微笑，为他揉揉劳累酸痛的肩膀，让他把头扎在你的怀里寻求片刻的放松，这样的感觉，这样的妻子，没有哪个男人会不喜欢。

人们常说"英雄难过美人关"，实际上，拦住英雄脚步的不仅仅是闭月羞花的容貌，更是藏于美人心中的那份缠绵婉约和深谙男人心事的智慧。在很多男人身上一般都不会缺少承受伤痛的勇气，也不会缺乏继续奋斗的决心和力量。男人真正缺少的往往是一种鼓励与信心，而这些多半来自于身边女人的态度，女人的温润是最好的"催化剂"和"加油站"。

How to Change Your Husband in 30 Days

改 | 变 | 秘 | 籍

一个男人的事业成功与否，不仅在于他本身的努力，更重要的是他身边是否有一个钟情于他并扶持他的女人。婚姻里，聪明的妻子懂得深情不及久伴，厚爱无须多言。当丈夫处于人生低谷时，会给他以信心和鼓劲；当丈夫需要安慰时，会张开怀抱让他依靠；当丈夫遭遇困境时，会鼎力相助，不离不弃；当丈夫灰心丧气时，会疏导和激励他克服困难，轻松面对；当丈夫身心脆弱时，会主动充当他的"哭墙"和"树洞"。妻子的支持、鼓励和对他的信心是一股强大的正能量，足以支撑丈夫走出低谷和阴霾。

床笫之间，永续炽热情爱

第25天：读懂男人的“性”

改变焦点：

目标：总抱怨妻子无法满足自己性需求的丈夫

原因：男人因为生理构造，拥有比女人更为强烈的性需求

焦虑：整天提心吊胆，生怕丈夫有外遇

歧途：认定丈夫对自己的种种好只是为了性

真相：男人与女人在表达爱的方式上完全不同

进入婚姻生活的男女总会遇到一个举足轻重，却又不好宣之于口的隐私问题——性生活不和谐。除了生活琐事、工作压力、七年之痒和感情消损等各种外在因素的影响以外，答案往往隐藏在更深层的事实中：妻子需要亲热和关爱，但并不仅局限于肌肤之亲；而丈夫需要性爱，却不仅局限于简单的情感交流与互动。男人对性的渴求，如同女人对情感沟通的需求一样重要。

事实的确如此，性爱是男人表达爱的重要方式之一，这种方式是男性世界的集体无意识形成的后续影响。在远古时代，男女之间的情感关系既原始本能又简单粗暴，性关系就是他们最直截了当的重要关系。男人爱慕女人，就会与女人发生性关系，水到渠成有了后代。以后的生活就是男人狩猎，获取食物供养女人和孩子，生活日复一日的继续，所有的人生大事就在几个最本能的简单互动中得以完成和延续。

而现代社会从根本上看，与远古时期虽然是天差地别，却仍有共通之处。男人找一个自己爱慕的女人结婚生子，在职场上打拼获得财富，以此让女人和孩子过上丰衣足食的生活，而抚养孩子仍然是以女人为主导的必做功课。虽然现代女性较之从前，有了天翻地覆的改变，更加独立与自主，但是长久以来的集体无意识，还是根深蒂固地影响着男女之间的关系以及他们的性关系。潜意识里，男人依然用性来表达对女人的爱慕，甚至可以更为直白地说，当男人在性上能够给女人舒适愉悦的感觉后，他才更加确定与女人建立起的亲密关系。

01 男人表达性渴望的方式与女人不同

在大多数女人眼中，性是男人的第一需求，而对于男人来说，性爱其实是他们获得深层需要的标志，也就是尊重。一个妻子通过与丈夫的真诚交谈与沟通，得到了情感上的抚慰和释放，同时也感受到来自丈夫的爱，否则她就会认为丈夫既不爱自己也不关心自己的感受。而男人表达爱的方式与女人截然不同，他们是通过性得到身体上的放松与愉悦，以及精神上的交流与沟通，如果妻子拒绝他的性需求，他会认为妻子既不爱他，也不尊重他和他的需求。

作为妻子，不要一味地只知道埋怨丈夫不解风情，不懂浪漫，甚至“恶毒”地认为男人对自己的温柔体贴、绵绵情话不过是为了达到下半身行动的目的。在这样“扭曲”丈夫的同时，也要反省一下自己，嘴上说着“我是你的唯一，你必须眼里、心里只有我”，而在当男人面红耳热、激情澎湃地靠近自己时，却将其拒之千里之外，这是一件多么自相矛盾的事情。

男人和女人在表现爱的方式和态度上之所以存在如此巨大的分歧，主要是缘于男人和女人不同的生理结构。在大脑的构造上，男性大脑与脑垂体相连的下丘脑视前区比女性整整大一倍，而这个区域的功能是分泌荷尔蒙，以及掌管想法和性行为。如果说女人用来放置性幻想和性冲动的空间犹如一间温情的小民宿，那么男人的想象空间则是一栋上下五层的豪华大别墅。

当男人有性渴求时，他的视线也有了定向性。当他看到一个漂亮女人，看到她的脸庞，看到她的身姿，他都会兴奋不已。而女人则不然，至少没有男人这样敏感。

但是，性冲动是一回事，出轨又是另一回事。尽管男人的脑子中每天都会无数次想到性，但并不意味着他因此就会背着自己的妻子，去和别人发生真正的性行为。《诗经》有言，“君子发乎情，而止于礼”，其意是指男女之间的感情出自本能，但也要遵循礼法。所以人们常说男人最优秀的美德是克制，这其中也包含对性欲的克制。

02 性爱对于男人的重要性

女人明白男人在性需求上与自己完全不在同一频率后，就应该懂得为什么有些男人可以不要婚姻，但是却离不开性的原因了。网上曾有人提问：“性对于男人来说，到底多重要？”点赞最多的回答是：“如果没有性，大多数男人更愿意和兄弟们玩。”这样的观点与张爱玲说过的一句话有着异曲同工之妙，“男人不爱女人，他们只是需要女人”。话虽有些偏激但却符合事实。比利·克里斯托曾经说过，女人需要做爱的理由，男人只需要一个做爱的地方。

宝珍在性爱方面较为传统，甚至传统到令人无法想象的地步，她与丈夫结婚四年，做爱的次数居然屈指可数。

丈夫最初认为宝珍是一个少有的传统的姑娘，在性爱方面没有经验，需要慢慢适应，他耐心地诱发、引导妻子，有时还会用心制造出各种浪漫氛围，只希望能够打开她一直封闭的内心，让其逐渐放开自我。但宝珍面对丈夫的良苦用心却一意孤行，她认为“好女人不该谈性”，所以每次和丈夫做爱时都是一副心不甘情不愿的模样，丈夫卖力又用心地做，她却死气沉沉，了无声息，让人想想都觉得无趣，她偶尔也会有些回应，慢慢地却不再出声，或者突然停下来，让丈夫的“性致”瞬间消退。

后来，宝珍索性以“男性要节欲，过度放纵易伤身”为由，一次又一次拒绝了丈夫满怀欣喜的求欢。丈夫从开始的殷勤表现、苦心相劝，逐渐转变为隐忍不发、不再打扰。他们的生活除了缺少床上的温存之外，其他与寻常夫妻无异，宝珍悉心照顾着丈夫的生活起居，丈夫也会经常跟她谈天说地，两个人相敬如宾，在外人眼中也算得上是一对恩爱夫妻了。宝珍对丈夫的变化很是欣慰，以为通过自己的不懈努力得到了丈夫的理解和默认，却不知道这是暴风雨来临前的温柔假象，实际上在看似平静的海面下早已经暗流汹涌。

在他们结婚四周年纪念日当天，丈夫将积聚已久的怨气与不满呈井喷式爆发出来。他把一份全面体检报告甩到宝珍身上，一脸嘲讽地说："这两年我每星期都会跟一个女人做两次爱，但我的身体并没有出现任何问题，健康得很！"

认知的颠覆和丈夫的出轨将宝珍彻底击垮，她心碎如渣，而这份因性引发的不对等婚姻也宣告死亡。

性爱是夫妻之间感情与身体最亲密的交流，是精神与肉体同时进行的"对话"，也是婚姻生活的重要组成部分，不谈或拒绝谈性的女人，是在变相让男人步入无性生活，更是在变相逼迫丈夫出轨，并一手将婚姻带向绝路。

03 男人的性爱需求等同于女人的情感需求

不同于男人因性而产生的出轨，发生婚外性行为的女性的焦点往往在于外遇对象能和其有比较多的情感沟通。甚至有一位女性的出轨对象竟然是一位性无能者，她执迷于跟他在一起的原因是，与他能够进行精神上的深层沟通，他懂她，而这一点正是她丈夫所不具备的能力。

所以,和谐的夫妻关系应该是彼此不相亏负,双方都要满足对方的需求,尤其对于丈夫而言,如果他被剥夺了性生活,将如同受到了残酷而致命的打击。女人可以试想一下,丈夫不愿和自己说话或倾听自己的心声时你所承受的内心煎熬,就能产生同理心,体会到男人的心情,很多妻子如果被剥夺了倾诉情感的权利,也会觉得生活暗无天日,痛苦不堪。

有一位年轻妻子,每个周日都会和丈夫一起去看望她的父母,但有一个周日的清晨,她给母亲打电话告知他们这周不去了,母亲对于这样的临时变动自然要多问一句为什么。

“因为那个傻瓜。”女儿有些不屑地说。

“发生了什么事情?”母亲问道。

“我们吵架了,我想,可能是因为我们有一周时间都没有亲热过了。”女儿坦诚地回答了母亲的问题。

那位母亲听完后,马上批评了女儿的做法,态度温和但却郑重其事:“你应该为自己的行为感到羞愧。明知道他在很短的时间内就可以体味到无比的快乐,而你却不愿意满足他!”

女儿在电话的另一边感到尴尬而难堪,大声地喊道:“妈妈,我真没想到您会站在他的立场上这么说。”

她对母亲的直言不讳极感意外,但很快就领悟到为什么父母结婚已近半个世纪,两个人却依然能够恩爱如初,一直过着幸福甜蜜生活的真谛了。经营长久幸福婚姻的秘诀就是,夫妻双方都要尽力且用心地满足彼此的合理需求。

实际上，那位睿智的母亲给女儿提出了一个维系和增进夫妻间情感的极好建议，同样也值得我们学习和效仿。但遗憾的是，现实婚姻生活中，有些丈夫由于在性爱方面得不到满足，而向妻子做出一些“很傻很天真”的举动时，不少妻子都认为他是在耍孩子气，不予理解和回应，长此以往就会陷入一个怪圈，即没有得到妻子尊重的丈夫，就会以拒绝对妻子示爱作为反抗；而妻子在感受不到丈夫的爱后，就更以拒绝尊重丈夫的需求来进行打击，那么婚姻便走进了一个死循环，只有一方主动跳出才能破局。

其实，破解的方法简单易行，完全在自己的掌控范围之内，就是站在丈夫的角度换位思考，假设丈夫三天、三周或是三个月不和你说话，也不和你有任何互动，像最熟悉的陌生人一样对待你，你会作何感想？一定感觉这段婚姻已经濒临灭亡，没有再继续维持下去的必要了。很多女人在婚后总是一味地希望丈夫能够关心理解自己，并要求他能经常通过谈心的方式向自己表达爱意。可轮到自己，却偏偏忽略了丈夫的感受，有意无意间不去满足他的性爱需求。婚姻是一场保持平衡的博弈，失衡的两性关系注定无法长久地走下去。

儒家将食色列在一起，是极有道理和智慧的一种见解。因为只有满足了食欲才能起动色欲，没有食欲，就无法供养生命。但是生命的起源，是由于色欲而生，无色欲便无法创造生命。可见二者互为因果，具有同等重要的作用。

How to Change Your Husband in 30 Days

改 | 变 | 秘 | 籍

对于女性而言，仅仅运用智商和情商去处理婚姻和与丈夫的关系，已很难达到自己的完美预期，唯有拥有高“性商”，才能激发性能量和释放性魅力，在保证伴侣高质量性生活的同时，也会获得同等的回馈与幸福。所以，与爱人共同享受正常且美好的性爱生活，不仅能够维系家庭的和谐，还能使夫妻关系充分获得接纳、自在、愉悦与亲密的情感。

第26天：与丈夫同床共枕

改变焦点：

目标：要求分床而睡的丈夫

原因：因孩子吵闹或夫妻间不一致的作息时间而分床

焦虑：整天为陷入“冷战”或矛盾累积而苦恼万分

歧途：为了让丈夫休息好或双方不彼此打扰而分床睡

真相：分床而眠成为夫妻关系变淡，甚至是恶化的开端

对于夫妻来说，同床共枕是婚姻生活的题中之义，是相爱的两个人走进婚姻后合情合理又合规合法的基本约定。但近年来，夫妻分被盖、分床睡，甚至分房睡的现象屡见不鲜，特别是丈夫在妻子生完孩子之后，主动提出分床睡的情况更为普遍。最初是为了晚上能够更好的休息，不受孩子哭闹的影响。而后来却慢慢形成习惯，当孩子可以独自睡觉时，两个人若想要再次同床共枕，却通常会感到彼此的心已疏远陌生，找不到曾经如胶似漆的感觉。因此，分床睡毫无疑问是纵容夫妻关系恶化的开端，分床事小，对婚姻的负面冲击事大。

夫妻分床睡的真正原因是什么？也许是一方打呼噜，严重影响到另一方，也许是对方神经衰弱，必须单独睡觉才能勉

床笫之间，永续炽热情爱

丈夫在妻子生完孩子后，主动提出分床而睡的情况极为普遍，最初是为了晚上能够更好的休息，后来想要再次同床共枕，却会感到种种的不习惯。因此，分床睡是纵容夫妻关系恶化的开端，分床事小，对婚姻的负面冲击事大。

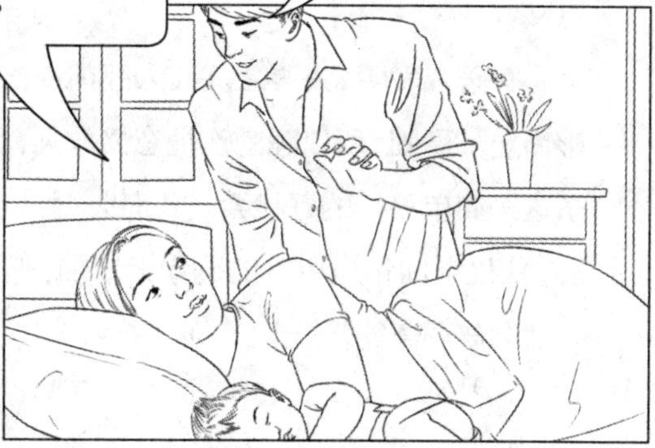

白天夫妻间能够进行交流的时间实在是少之又少，到了晚上，床笫之间就成为双方可以袒露真实想法的地方，依偎在彼此身边，静静地说说话，是使婚姻生活变得有声有色的绝佳方式。

强入睡，抑或是因为工作太忙，作息时间不规律，而不想影响到另一半的正常休息。出发点看起来是善意而体贴的，但最后结果却会走向相反的一面：夫妻长期分床就寝，容易造成彼此间感情的隔阂，同时减少了男欢女爱、卿卿我我的机会，有可能因此而变得性冷淡，直至成为无性婚姻，最终导致夫妻生活不和谐，更严重的会成为滋生婚外情的温床与家庭破碎的导火索。

01 分床而睡丧失婚姻的意义

女人因爱而性，夫妻性关系对女人来说，并不仅仅局限于生理需要，很多时候是因为希望被男人需要和关爱，通过最亲密的关系来证明彼此的爱恋。而长期分床睡意味着无性，有爱无性的婚姻不是真正的爱，而是亲情；相反有性无爱的婚姻，就是一种“耍流氓”。所谓夫妻，最为简单的解释就是可以在一起睡觉和亲热的人，如果分床而睡，那么结婚还有何意义？

有研究表明，夫妻之间在入睡前交流几分钟，会让彼此的感情更加稳固，所以睡前沟通意义非凡，分床睡等于白白失去了这一简单易行的好机会。久而久之，就会各行其是，互不关心，独处空间和自由度的确大大增加，但顾此失彼，夫妻两人必然会离心离德。

我曾经的一个同事楚楚，35岁，在朋友圈晒出一家三口出游的照片，她紧紧地依偎在丈夫怀里，幸福感爆棚。这样的正能量帖子，瞬间收获到各路“大神”的冒泡点赞，并纷纷留言，有人说她花样撒“狗粮”，有人请教她人到中年的婚姻保鲜秘籍，还有人督促她赶紧生二胎，她热情地一一回复着。我也加入其中，手动点赞，并让自家男人好好学习一下，看看人家老公是怎么配合媳妇照相的，可怜的我每次让他一起合影就跟要他命一样费劲。

很快楚楚私信了我一条信息：“你说我和我老公会不会离婚啊？”看着这天壤之别的朋友圈和私信，我怀疑楚楚真有点人格分裂的倾向，这到底是何原委呢？

原来，楚楚在生完儿子后，丈夫嫌儿子吵到他休息，主动搬到隔壁房间去睡，这一分居就是五年。5岁的儿子已经学会了独自睡觉，在楚楚的要求下，丈夫搬了回来。

可同床共枕的那一夜，两个人谁都没有睡好，好不容易可以睡到一起，本以为应该如干柴烈火之势，谁知竟然像亲人一般相敬如宾，清心寡欲。他们辗转反侧，难以入眠，却又无话可说，因为长时间的分居，他们似乎早已忘记了曾经的肌肤相亲、甜蜜无间。到了后半夜丈夫终于睡着了，随之而来的就是如山响的呼噜声，吵得楚楚心烦意乱。她去了另一个房间，躺在床上很快就安然入睡了。

楚楚表示，人到中年的他们，仿佛已经无法靠近彼此，一旦靠近感觉呼吸都是油腻的。除了不想睡在一起，与两人共处相比，也更喜欢自己独处。他们偶尔聊天，话题也是围着儿子转，这成为他们之间唯一的共同话题。

但每天出门时，他们好像心照不宣地达成了某种默契，楚楚会习惯性地帮丈夫整理衣领，丈夫会客气地帮楚楚开门道再见。

在朋友们眼中，这是幸福的一家三口，如果不是经常被朋友催生二胎，他们都选择性忘记了其实彼此已经分房很久了。

有时想起这样的分裂局面，让楚楚感觉像是在深海中游泳，既不知深浅，也看不清方向。她无法判断唯一牵系他们情感的儿子，能有多大能量和分量，可以让他们一直这样在“人前恩爱夫妻，人后只有冷漠”的双重状态下维持下去。

现在有许多感情都是因为这样的分床睡，而被慢慢消磨殆尽的。最初结婚时的新鲜感是“看你千遍也不厌倦”，但随着孩子的出生，为了给孩子一个安静的环境，有时男人也为了给自己一个充足的睡眠，就会选择分床而睡。从孩子出生的那一刻起，两个人的关系就发生了质的改变，女人会把自己的时间全部奉献给孩子，男人为了图个清静，也乐得一个人自由自在，有属于自己的独处空间，但夫妻之间的感情却会因此而越来越淡漠，甚至是貌合神离。

在网上看到过一段文字：“如果你在朋友圈看到结婚多年的女人经常秀恩爱，实际上她可能已经和老公分居多年了，她秀的不是恩爱，而是寂寞。”的确，这种秀可以骗过所有人，营造出和谐美满的“盛世繁荣”，但却终究无法骗过自己的内心。我们都喜欢把自己美好的一面展现给别人，而那些痛苦与酸楚，只有在内心各自消化。这样做让自己得到片刻的夸奖与满足，之后便会陷入到更深的失落和恐慌中，除此之外别无他用。毕竟生活的好坏是自己的切身感受，而不是别人眼中的评判与赞赏。

中年夫妻的这种相处状态，让我想起了黄宏小品《开锁》里的一句经典台词："中年夫妻亲一口，恶梦能做好几宿。"原本以为这只是个笑话而已，直至步入中年才知道，这不是一笑而过的笑话，而是残酷无奈的现实。正所谓，艺术来源于生活，又高于生活，慢慢发现曾经那些夸张于生活的艺术，正在一步步变成赤裸裸的现实。

02 同床共枕是增进感情的利器

步入婚姻生活后，随着时光的流逝，日子总会归于平淡，所以，消磨婚姻的不是外遇，而是时间。时间把曾经最亲密的少年眷侣，变成了现在最平淡的老夫老妻；把曾经最动人的甜言蜜语，变成了现在最常见的唇枪舌战。两个人在面对司空见惯的摩擦争执时，应该如何处理才更为妥当呢？

如果夫妻只要吵架就分床，即便是心平气和也会造成"冷战"局面，感情并没有得到实质性的恢复。况且分床睡还会导致胡思乱想和恶意揣测，这样会造成彼此间安全感降低，信任指数大幅下降，变得多疑多虑，长此以往只会让夫妻的感情生变。同床都可以异梦，更何况分床而眠呢，其实这种失控和毫无约束的状态，对于两个人而言都是一种灾难。

而且分床睡对于孩子来说也是有百害而无一利，当孩子慢慢长大，渐渐具备了自己独立思考问题的能力时，他们看到父母分床睡，会胡乱猜测，甚至会因为和其他小朋友的父母相比较而产生自卑心理。父母的关系会对孩子未来人生观和感情观的形成造成深远的影响。身为父母，切莫因为自己的一时冲动，给孩子的心理留下难以磨灭的阴影。

俗话说得好，床头打架床尾和，在夜深人静时，头脑相对更为清醒，两个人一起躺在被窝里，暂时丢掉工作上的压力，一起说一说家里的琐事，孩子的问题。还可以把当天出现的矛盾拿出来重新讨论一下，找出合理的化解方法。长期如此会发现：一切问题都能在彼此的言语里得到有效的解决。

凡慧和她丈夫也有过一段短暂的分房而睡的经历，她婚后生了一对双胞胎女儿，因为要照顾女儿，也为了让老公更好的休息，便让他去书房独睡。虽然表面上是为了彼此方便，但在那段分床睡的时间里，两个人的争执明显变多，再加上晚上各睡各屋，问题一再积压，很快陷入了“冷战”僵局，感情一度降到了冰点。

她向闺蜜吐槽自己的糟糕生活，闺蜜半开玩笑地说：“夫妻嘛，睡一睡就好了。”她回到家，重新调整了居室的布局，把女儿们的小床安置在卧室的一边，自己则睡在能随时看到孩子动向的床边，老公睡在相对不受打扰的床里。

最初的几天双方都不太适应，老公几次想再搬回书房，但她并没有像前文的楚楚一样，只经过一晚的尝试就放弃了与老公同床共枕的机会。凡慧多次动之以情，晓之以理，让老公也了解到分床睡的危害以及同床睡的好处。经过她的一再坚持和努力，老公逐渐消除了顾虑，心悦诚服地接受了她的合理要求。通过一段时间的磨合后，他们再一次适应了彼此，感情逐步升温，即使平时有争吵的情况，经过睡前平心静气的沟通，也极少再出现从前那样的“冷战”局面。

白天由于工作和职责，夫妻间能够进行交流而不被打断的时间实在是少之又少，到了晚上，床笫之间就成为双方可以袒露真实想法的地方，依偎在彼此身边，静静地说说话、聊聊天，是使婚姻生活变得有声有色的绝佳方式，而相拥而眠则是对感情最好的注解。

How to Change Your Husband in 30 Days

改 | 变 | 秘 | 籍

夫妻同枕共眠既可以温暖彼此的心，也可以让心贴得更近。如果白天无法见面，晚上还要分床而睡，两个人必然会日渐疏离，与其说是夫妻，不如说是同住一屋的室友。如果每天回到家，双方能够洗掉一身尘埃，彻底放松地躺在一起，彼此互相倾诉着生活中的琐碎和工作上的不如意，夫妻间的情感就会在你一言我一语间呈现出历久弥新的喜悦。

第27天：打破无性婚姻

改变焦点：

目标：婚后性生活次数呈断崖式下降的夫妻

原因：诸多琐碎事情的叠加

焦虑：夫妻生活暗淡一片，对今后的人生升不起追求与欲望

歧途：遇到问题就逃避拖延，让无性成为习惯

真相：无性婚姻归根结底是夫妻生活中的问题与矛盾的表现

对于人类来说，性不仅仅是性，更是一种语言、一座桥梁，是从孤独通往亲密的所在。好的婚姻一定有较多的肢体接触，情感越来越淡漠的伴侣大多是从减少肢体接触开始的。换句话说，肢体接触越来越少，情感就会随之越来越淡，拥抱、轻抚、拉手等肢体接触是一种无声无息却又渗入于心的亲密语言。

爱一个人，你会情不自禁地想要亲吻、拥抱对方。如果一个男人对一个女人，连他最热衷的性都不再感兴趣，那就很难再有爱的感觉和冲动。作为夫妻，“好好睡觉”和“好好吃饭”同样是生活中不可或缺的基本保证，是人们需求中最为基本

的一种，是一件简单而美好的事情。但是对于性的缺失，有多少夫妻却无法言说，长久下去，不仅夫妻生活暗淡一片，恐怕对今后人生也升不起太多的追求与欲望。

很多年轻人认为无性婚姻离自己很远，它应该属于少数人群或已近暮年的老夫老妻，这样的想法大错特错。近期有一组无性婚姻的统计数据让人看了不寒而栗：国内26.1%的夫妻一个月也没有一次性生活，而且数据随着年龄的增长呈上升趋势，41至50岁的夫妻无性比例达到28%，50岁以上的夫妻猛增至45%。中国人民大学性社会学研究所对3824名已婚或同居伴侣的一项调查显示，平均每个月性生活不到一次的超过25%，最近一年内连一次性生活都没有的占6.2%。在婚姻咨询中，关于“无性婚姻该不该忍受”的个案也日益增多。

01 生活消磨下的无性婚姻

有人曾说：“人都有兽性的一面，所有男女之间永远有性的幻想和需求。”因此，正常情况下的无性婚姻都是非正常的表现，要寻找出无性的原因并及时解决，不能视其为鸡毛蒜皮的小事而束之高阁，任由其蔓延和发展。要懂得，婚姻生活中的性事无小事，它既是通往心灵的路径，也是夫妻双方幸福的源泉。

一个朋友结婚四年，有一个两岁的漂亮女宝宝，老公开着一家连锁火锅店，她在家优哉游哉地做着全职太太。平常的生活就是带娃、做家务、记录生活，从她的朋友圈来看，她每天都过着如沐春风般的日子，拥有一个令人艳羡的幸福归宿：老公又帅又多金，顾家又疼她，夫唱妇随，一家三口其乐融融。

然而一次闲谈，她一改往日朋友圈的幸福小女人模样，开始吐槽无性婚姻给她带来的困扰和沮丧。自从怀孕生子以来，她和曾经如“连体”一般的另一半，已经用最短时间完成了从爱人升级到亲人的迅速转变。

每天早上睁开眼就进入了流水线一般的生活，孩子的吃喝拉撒、早教班、家务事迎面袭来，而老公则忙着火锅店的各种事宜，晚上回到家，第一件事就是陪他的“前世小情人”亲热玩耍，至于她这个“今世老情人”早已退居二线，成为“板凳队员”。深夜，疲惫不堪的两个人分别回到各自的房间休息，自从有了孩子以后，朋友怕孩子晚上哭闹，影响老公休息，他们便开始分屋而睡，她带女儿一起睡，老公自己一个人睡在小卧室。朋友一心盼望着孩子夜能不哭不闹、一觉睡到天明，就是天大的幸福了。性生活对于他俩来说，已经变成了可望不可及，或者说既无心也无力的奢侈品。

朋友说她生完孩子这两年，特别是和老公分屋而睡之后，他们的性生活次数加起来总共不过两三次，“一年一次”不是段子，而是现实。也许是因为日常琐事太多，也许是因为晚上不同床睡不方便，也许是因为生孩子身材走样，失去了吸引力，也许是两个人已经没有了恋爱和新婚的激情，少得可怜的那几次性生活也完全是为性而性，没有一点“前戏”的面红心跳和“后戏”的余味缭绕，而是直奔主题，没有丝毫男欢女爱的情意，更谈不上灵魂上的交流与共鸣了，只剩下解决生理需求，这样无趣的性爱似乎还不如没有！

很多已婚女人大抵都经历过这样的性爱落差：从一周七八次直接到断崖式的七八周一次，甚至更少，她们大多不清楚，到底是什么原因导致现在形同无性的婚姻。也许是诸多琐碎事情的叠加才造成这种令人怅然若失，却又无力改变的结果。比如，孩子出生改变了夫妻间原有的相处模式，每天事无巨细地照顾孩子让自己身心俱疲，对丈夫长期忽视又少于沟通交流让彼此逐渐疏远，两人失去了往日的浓情与新鲜感，以及因意见不和导致情感的日益淡漠和裂痕等七零八碎的原因。

02 矛盾积累下的无性婚姻

无性婚姻带给家庭的唯有冷漠，一切都没有了温度，一切都沦为了形式。走形式的吃饭、走形式的问候、走形式的居住。问候里没有关心，饭菜里没有情意。这就是无性婚姻带来的后果，日子过得干巴巴，感情变得冷冰冰。两个人点灯不说话，熄灯不做伴，婚姻彻底沦为一个没有人情味的空壳。

夫妻在卧室之外的交流互动，会直接影响到卧室内所发生的一切，两者之间互为前因后果。卧室内性生活的不和谐，乃至无性婚姻，表面看来只是性的问题，但在性背后所隐藏着的却是夫妻生活中的问题与矛盾，而无性婚姻只是一种表现方式和显现结果而已。

有一篇文章里讲到，一对刚过不惑之年的夫妻已经连续六年没有过性生活，我第一次看到这篇文章除了震惊，还是震惊。彼此正值壮年，却长达数年处于没有性爱滋润的干涸沙漠之中，这是怎样的一种夫妻关系，而导致这种关系的起因又是多么不可饶恕的滔天大罪，让两个人能像“钝刀子割肉”般互相折磨这么多年。

这场婚姻悲剧源于六年前女人母亲的一场大病。女人连续好几天守护在妈妈病床边悉心服侍，完全没有多余的精力再去照顾丈夫和儿子的日常起居。又是一夜的奋战，女人母亲再一次从死亡线上被拉了回来，病情得到了有效控制，女人这才拖着疲惫的身体从医院回到家中。满心希望丈夫看到她能够抱抱她，说几句暖心的话语，谁知她前脚刚踏进家门，丈夫的责备就迎面而来，“那么多天见不到人影，不管家，不管孩子，让我休息不好，还耽误了工作，影响了当月的绩效考核……”说完摔门而去，根本没有注意到妻子一脸的憔悴和失望到极点的情绪。

一片狼藉的房间里只剩下委屈的妻子和还没有吃早餐的儿子，她一边给儿子做早饭，一边忍不住地掉眼泪，想到自己生完孩子后，为了更好地照顾家和孩子，辞职做了全职主妇，几年如一日地为这个家无私付出。如今只因为照顾重病的母亲几天，对他们略有疏忽，丈夫非但不体谅、心疼自己，反而对她心怀怨恨，埋怨不休。好像这个家离开她几天，马上就要解体，她所有的辛苦付出都变成了理所应当，稍有照顾不周，就像犯了弥天大罪。

女人原本想等丈夫下班回来，跟他好好谈谈自己所受到的冷落和不公，结果当天因为外地公司突发紧急状况，丈夫被临时调派去解决一个棘手的问题，本是一件正常的工作安排，但放在女人眼中却成为丈夫的故意为之，其目的只有一个，就是惩罚自己。

丈夫在出差期间曾给女人打过几个电话，但都被她赌气挂掉了。这让男人很生气，误以为妻子不愿意让他去外地出差，自己辛辛苦苦一个人在外打拼，却得不到妻子的理解和支持，心里感到很受伤。

半个月后，男人回到家，妻子一心等着丈夫为之前的事情向自己道歉，而丈夫则满心盼着妻子的嘘寒问暖，两个人都希望对方主动低头服软，结果谁都没有如愿以偿。当天晚上，他们满怀愤怒与不满各自休息，明明在一张床上躺着的两个人，却感觉隔着千山万水，中间的那段心的距离越拉越远。半夜时分，丈夫把睡得迷迷糊糊的妻子拉到自己身边，发出了亲密的邀请，不料女人心里第一反应却是“就知道找我解决生理需要”，极为反感地使劲挣脱了男人的臂弯，一句“别碰我”将男人推向千里之外。

妻子的无情拒绝彻底激怒了丈夫，他抱起被子去了书房，原以为妻子会起身拉他回来，他心里想着，只要妻子能有所表示，他愿意主动低头示好，但他的希望又一次破灭了。

不久，妻子选择重新回归职场，两个人单独相处的机会变得更少了。那件令感情产生裂痕的事情表面上看起来早已翻篇，之后谁都没有再提起过。但彼此间的感情却变得越来越淡，他们年复一年的在“期待—拒绝—愤怒—失望”的死循环里纠缠了整整六年，六年间他们再没有敞开过彼此的心扉，更没有过肌肤之亲，就像两个毫不相干的陌生人，彼此的谈话内容仅限于与儿子相关，这样的细碎折磨把曾经相爱的两个人从失望慢慢推向了绝望的深渊……

当谈到性关系的伤害时，人们首先会想到出轨，其实“拒绝亲热”的威力丝毫不亚于婚外情。当你的爱人向你发出性爱暗示，渴望与你水乳交融时，这本身就是一种毫不设防的示爱邀请，如果你没有热情回应，反而生硬冷漠，不加解释地拒绝，就像给一个热情如火的人从头到脚泼一盆凉水一般，所有的激情和爱恋会瞬间熄灭。

有一句话令我深有感触：和谐的婚姻里，性的问题只占10%，而无性婚姻里，性却占据了90%，甚至90%都是手下留情的数字，当性不和谐了，婚姻的一切问题都会从这个漏洞产生井喷效应，它所产生的威力与伤害，只有那些真正经历过的人，才会切身理解和深刻懂得。

女人的爱多以陪伴来表达，而男人的爱却多以性爱来表露，陪伴位于其次。在那些女人一再拒绝，男人一再请求却不得的婚姻里，丈夫要么当场生气，要么表面堆笑，内心却感觉自己已经卑微到了尘埃里，妻子如果再适时甩出一句霹雳之言：“整天就知道想这些事！”更会将伤害无限放大。

夫妻间相处难免会有磕碰，但面对矛盾与问题时，不能听之任之，否则就会形成积怨，将不满和愤怒的情绪从卧室外带到卧室内，影响双方的性欲，阻碍伴侣性爱的恢复。因此，双方要试着对未解决的冲突进行讨论、协调和解决，并对彼此的错误或伤害表示真诚的歉意与宽容，使两个人重建亲密情感，才能恢复激情和性爱，打破无性婚姻对彼此的破坏与摧残。

How to Change Your Husband in 30 Days

改 | 变 | 秘 | 籍

无性婚姻因为没有爱的滋养，会使夫妻间的感情变得无趣而乏味。夫妻要经常评估与维系彼此间的亲密和激情。在婚姻日渐平淡，激情不再，慢慢步入无性婚姻的行列时，两个人需要做出及时的应对和修复，不能逃避拖延，让无性成为习惯。如果已经不幸成为无性婚姻，也不要心生绝望，破罐破摔，可以寻求婚姻咨询机构，对你们的婚姻进行专业的指导和帮助，找到问题的根源，再有的放矢地进行协商讨论，确定改变方案，让无性成为有性，重新回归到正常的婚姻轨道上。

第28天：远离伪装性高潮

改变焦点：

目标：不知道妻子性高潮真伪的丈夫

原因：很多女人没有体验过性高潮的美妙感觉

焦虑：害怕因为自己不能满足丈夫，他会心生不满而出轨

歧途：希望通过伪装性高潮长久地留住丈夫的心

真相：一旦伪装性高潮被揭穿，会对感情造成伤害

《海蒂性学报告》中曾这样描述女人性高潮："感觉很美满安乐，全身容光焕发，好像刚从睡眠中苏醒过来。"但事实上，很多女性可能从未体验过这种飘飘欲仙的美妙感觉。美国一家知名女性杂志的调查结果显示，有69%的女性承认她们曾在性爱过程中因为各种不同的原因伪装性高潮。而这个数据还略显保守，性学家依夫·普斯拉第曾表示，"我认为剩下的那些女人都是些可爱的骗子，每个女人一生当中至少伪装过一次性高潮！"

美国经典喜剧片《当哈利遇到莎丽》中有一个关于伪装性高潮的有趣情节：哈利认为自己是床上的猛男，很能让女人得到满足，但莎丽却不以为然，她说女人的高潮反应是可以装出来的。接着，她毫无征兆地在他们就餐的餐厅里，现场表演了一段声色俱佳的“叫床戏”，全餐厅的人都为之侧目，邻桌的一位妇人更是惊得目瞪口呆，当侍者问这位妇人要点什么的时候，妇人不假思索地说：“我要这位小姐刚才吃过的东西。”这一幕已经成为经典，对于女人来说，伪装性高潮的原因多种多样，但大多数是出于对伴侣的善意谎言。而对于男人而言，却感到既惊恐又害怕：原来女人欲仙欲死的高潮是可以装出来的！他们对此五味杂陈，甚至会产生强烈的挫败感。

01 伪装性高潮带来的危害

无论女人伪装性高潮的动机是为了维护丈夫的尊严，还是为了满足丈夫的心理期待，抑或是对丈夫的努力所表达的善意感激，但最终的结果对自己和另一半的心理、夫妻感情和性生活都会带来危害和破坏。而且伪装性高潮一旦开始，就仿佛走上了一条不归路，其结果是将最初心怀善意的初心变成彼此怀疑。

第一，不理想的性生活不会得到改善。女人之所以要伪装性高潮，说明目前的性爱并非理想状态，其中或多或少存在着一些问题。但因为女人伪装性高潮，会让丈夫误认为现在的状态很理想，无须为性爱做出改变，之后这种不理想的状态会一直延续下去。长此以往，彼此对于美好性爱和亲密关系更深一步的探索也会随之中断。很多人对于性爱的认知只停留在男女的性交活动上，其实美妙的性爱绝不仅限于此，它不仅来自于男女之间的身体协调，还有心灵上的契合以及灵魂上的触碰。而伪装性高潮会使更多深层次的探索被迫阻断，也切断了彼此间深层的连接。

第二，是对丈夫的一种欺骗。人们通常认为，男人有义务取悦女人。女人一边享受这种取悦，一边也承认男人的强壮和力量。而伪装性高潮的做法也许可以一时让男人感到心情愉悦或自我满足，然而骗局一旦暴露或被揭穿，那时就会世界大乱，既失去了爱人的信任，也会对感情产生极大的破坏性。在一项名为"她性爱'作假'，你能接受么？"的调查中，只有很少一部分男性认为无伤大雅，有70%以上的男人都明确表示很伤自尊，不能接受，"女人太主动、太假我都不喜欢，特别是伪装高潮，让我觉得是一种侮辱，面对这样的女人我不想再跟她亲热！"

第三，会给女人的性生活留下阴影。女性伪装性高潮忽略了一个最重要的问题，那就是自己的感受，忽视了感受就是忽视了对自己的重视，感受是我们跟身体连接的一个重要的信号。女人爱自己的一个显著标志就是重视自己的真实感受。最理想的性生活是安于当下，体会到性爱带来的美好与销魂，体验彼此身心灵魂合而为一，或者说是天人合一的至高美妙之感。而伪装性高潮则是外在与内在的一种矛盾撕扯，它会形成一种恶性循环，长此以往，女性要想达到真正的高潮会越来越难，直到使伪高潮变为常态，从而丧失了对性爱生活的渴望，甚至会产生厌烦心理。曾有一个女人在与丈夫的性生活中感到不适，却又不好意思坦白，便伪装性高潮，以便让他尽快结束。没想到，以后丈夫每次都会用这种粗鲁的方式揉搓她，使她越来越痛苦。最后她实在无法忍受，只好告诉丈夫真相，结果令男人既感羞辱又懊悔，两个人经过很长时间，才弥补了彼此的创伤与不信任。

第四，女人对此抱有负罪感。虽然伪装性高潮的始作俑者是女人，但她们对此却抱有极深的负罪感。27岁的燕妮坦白地说："我会伪装，经常伪装！我害怕一旦他知道他并没有满足我，会感到很受伤。可不是他的错，是我不敢把很多事情说出口，无法做到在性爱中全身心投入。"31岁的晓萌也有同样的看法："我有一种犯罪的感觉，因为我在'作弊'！"而41岁的杰西感触更为深刻："我感到我的呻吟和喊叫对于我丈夫来说很重要，这会让他感到自信和强大。但我不知道这是否会让他认为有了凌驾于我的权力，更不知道是否应该为了让他满意，就绝口不提自己的真实感受。"

女人为什么不能简单真实地做自己呢？为什么总是必须要让男人感到满意呢？这是把自己定位成一个怎样的角色？其实，我们不必给"伪装"赋予不属于它的情感色彩，"伪装"对于不同的人和不同的关系意味着不同的含义。它既可以意味着欺骗，也可以意味着真实；既可以意味着满足，也可以意味着多余；既可以意味着尊重，也可以意味着侮辱。女人在伪装性高潮时，一定不要忘记生活的复杂性和多样性。

02 远离伪装性高潮

常言道“一个谎言需要更多的谎言去维护”。伪装性高潮也面临同样的问题和尴尬，伪装行为一经启动就会很难停止下来。其实，在每次性爱中获得高潮是“可以有”，而不是“必须有”。没有达到性高潮很正常，实在没必要因为取悦对方，就强行让自己去委屈扮演一个完美无瑕而性感妖娆的妻子，这样像经过“滤镜”一样的演戏，倒不如本色出演，更能让丈夫了解到真实的你，在发现问题的过程中找到更好的解决方案，获得更为舒适的云雨之情。

第一，真诚地表达自己的感受。女人应该直截了当地向丈夫说出自己的感受，无论你感到疲惫不堪还是身体不适，抑或是没有兴趣，都可以直接表达出来，不要有罪恶感或不好意思。也许当你说出你真的累了，你们给彼此一个温情的拥抱，会比“霸王硬上弓”的性爱更能让两个人获得舒适和愉悦感，以这样的方式友好地提醒对方，用更好的方式去关心和爱护彼此，既能增强双方的沟通与理解，也不会因为不适的性生活给彼此带来隔阂和芥蒂，这不失为两全其美的好方法。

第二，共同探索性爱的规律和技巧。有很多男人都是猴急的性子，不懂得男女之间的性爱规律，缺乏对女性身体的了解，不知道怎样刺激女性身体的敏感点，也不清楚“前戏”爱抚，循序渐进的重要性，一上来就如狼似虎，单刀直入，有时还会由于千篇一律的性爱姿势等原因，引起女人的不适，造成有些女人对性爱丧失了激情，再无好感。这时，双方可以开诚布公地共同探索性爱规律和技巧，这一定会给你们带来与以往不同的感受。尊重性爱规律既可以轻松俘获对方的心，也会保持夫妻间的“性致勃勃”。同时，女人不妨在性生活的互动中，多了解自己的身体，和丈夫进行性生活时能够引导对方用最恰当的方式进行，并逐渐尝试与适应，之后很可能会真正达到令人心驰神往的性高潮。

第三，对性有更深入的认识。性爱生活长期不理想，也有可能是彼此的身体机能出现了问题，比如因内分泌紊乱而导致不能很好地感受性爱，这时可以通过饮食或药物等方式进行调理，必要时咨询专业医生，排除身体的器质性病因，用适当的药物治疗帮助。如果是心理方面的问题，比如早年间对性心理形成的创伤、不健康的性观念以及对性有负罪感等，建议及时咨询心理医生。

性爱是上天赐予人类的一种美妙享受。双方在享受男欢女爱时，如果能够配合默契，身心相融，双双达到高潮的巅峰，绝对是人生的一大快事。男女双方的感情也会在极致性体验的滋养下日趋稳固。所以，不要再做辛苦的表演，在丈夫面前无须做一个演员，既劳心劳力又得不偿失！不如做一个真实的自己，反而会得到丈夫的温情与理解、信任与尊重。

How to Change Your Husband in 30 Days

改 | 变 | 秘 | 籍

女人伪装性高潮对于构建夫妻性爱关系来说的确不是一个智慧的策略。面对共同的性爱问题，女人应该选择妥当完善地处理，而不是有悖心意地伪装。真诚开放地和男人进行性沟通，一起学习和掌握促进兴奋和获得高潮的性爱技巧，在水乳交融中不断促进双方的亲密关系。

第 29 天：撩拨丈夫的性爱视觉感受

改变焦点：

目标：对邋遢的妻子多有抱怨的丈夫

原因：婚后琐事缠身，再无暇顾及形象管理

焦虑：丈夫失去对妻子的由视觉产生的性欲兴趣

歧途：把自己邋遢的一面毫无遮掩的展示给丈夫看

真相：视觉刺激最能激发出男人的欲望和兴奋点

从古至今，人们常说："女为悦己者容"，女人会为了吸引自己所钟情的异性而梳妆打扮，这也是为什么恋爱中的女人总是或浓妆，或淡抹的原因了。可见悦己者对于女人的重要性。所以，古人才会留下众多关于描写女性梳妆的唯美诗句，"小轩窗，正梳妆"，抑或"懒起画蛾眉，弄妆梳洗迟"，这些诗句只需心里想到，口中读起，眼前便会浮现出一幅"芙蓉不及美人妆"的绝美画面。

这样的画面不要说男人，就算女人也会为之心动。对于已婚女人来说，想要留住男人的爱恋，并非我们以往所认知的，一定先要留住他的胃，而是要留住他的视觉感受，因为男人是视觉动物，只有视觉刺激最能激发出男人的欲望和兴奋点。女人切不可因为走进婚姻，就放弃对美的追求和形象的管理，否则男人一旦失去对女人的由视觉产生的性欲，女人就会失去作为女人的诸多乐趣，也会给婚姻生活埋下隐患。

01 视觉撩拨最能引发男人性欲

大多数妻子一般都会有这种尴尬而气愤的经历，在和丈夫一起外出逛街、旅游或吃饭时，只要看到一个妩媚妖娆、身材诱人、穿着惹火的大美女，另一半马上像被控制了神经一般，会被瞬间吸引，那无法掩藏的眼神时不时地会飘到美女身上，还会目送美女直到她彻底离开他的视线范围为止。这时的妻子很可能会开始冷嘲热讽、拈酸吃醋，甚至因此而闹得不欢而散，将这一正常生理反应的“无心”之举上升到人品和道德层面。其实考虑到男人的本能，妻子大可不必这样小题大做。他这样的举动并不是对妻子不忠或不爱妻子了，也不是想对那个女人有什么不轨的举动，只是男人无法抵挡有吸引力的女人，希望从中获得视觉上的满足，在性想象中得到愉悦和享受罢了。

美国耶鲁大学曾做过一个心理学实验观察，得出的结论是：美国男人平均只需要7秒钟就会决定是否和酒吧里的一位陌生女人搭讪。而同样在酒吧里，女人则平均需要花费27分钟的时间来考虑是否主动与一位陌生男人展开交流。由此可以看出，男人是高度依靠视觉来寻觅伴侣的“动物”，而且他们做出决定的速度令女人们望尘莫及。

用进化心理学的角度来解释就是：在长期的进化历程中，男人负责打猎，打猎的前提就是要专注，他们在外对细微的风吹草动都可以高度察觉，所以男性更倾向于用视觉来获取重要的信息，对异性的外在条件便是其中非常重要的一点。外在条件是一块敲门砖，是男人想要了解一个女人至关重要的一把钥匙。

人类在漫长的进化中已经形成了约定俗成的择偶机制，这些机制根深蒂固地根植于人类的大脑之中。自然选择是永恒的生存动力，所有物种，包括人类，生存的最根本目的就是把自身基因最大限度地传递给下一代。通过千万年的进化，那些选择年轻、健康、靓丽的女人为偶的男人，相对会留下更多具有良好遗传基因的后代。

所以，只把男人简单粗暴地定义为纯视觉动物，这一说法有失公平。据科学调查显示，超过80%以上的人主要通过视觉来感知世界。只不过，男人通过视觉来感知女人的性魅力，然后择优展开追求的行动。如此分析，就可以明白男人为什么总是会对丰乳肥臀、身材修长的女人情有独钟了。丰乳肥臀暗示着更旺盛的生殖能力，身材修长则意味着健康和善于奔跑。这些外在特征，刺激的都是男人最原始的繁衍冲动，与所谓的人品、道德和忠诚度没有任何关系。

02 女人找回久违的性魅力

追根溯源，基于男人对女人与生俱来的通过视觉来获取异性信息的能力，就可以理解“女为悦己者容”也是出于一种来自远古时期的本能，因为男人对具有性魅力的女人更感兴趣。性魅力就是我们常说的性感，性感并非只取决于生殖能力，所以它不仅仅与性激素有关，更是与对自己的性别把握和个人修养有关。

但在当今社会，性感对于那些走进婚姻的女人而言，已经成为一种稀缺资源。越来越多的女人因为承担了和男人大体相当的社会责任，同时还要肩负一直以来被赋予的历史责任，在双重重压下，她们渐渐失掉了温柔和风情。有些女人还喜欢以“女汉子”自居，生活中干得了重活，工作中拼得过男人，她们觉得男人已经不是人生中的“必需品”，自己活得安稳独立才是硬道理。所以，她们不以取悦男人为目的，不以嫁人为目标，渐渐变得雷厉风行，顶天立地，身上增加了很多男人特质，形成一副“雌雄同体”的特有模样。其实，如果能够适时找回女人的性感和柔软，懂得撒娇和求助，了解男人对女人的真正所需，就会少些个人的操劳，多些男人的疼爱。

我们还经常可以听到男人之间的抱怨：“我实在搞不懂，为什么女人每次出门都要花很长时间梳妆打扮，但在家里却是那么邋遢。”很多女人往往把自己最丑陋、最邋遢的一面毫无遮掩地展示给另一半看，这和男人在工作或社交时遇到的精心打扮的女人会形成一座“珠峰”的落差。因此，为了自己幸福的婚姻生活，女人不要陷入“在家无所谓”的误区，一定要找回丢失已久的性魅力。

邋遢的女人很容易使男人丧失兴趣和“性趣”，即使这样，她们也会有听起来很充分的理由为自己的不修边幅做辩解，“一回到家，我要忙着照顾孩子和料理家务，哪有时间再打扮”“家就是放松身心的地方，根本不需要打扮什么”……其实，男人并不要求女人在家也要像外出一样打扮得光鲜亮丽、浓妆艳抹，但至少让另一半看到你时能够同样感到轻松愉悦，不要让他丧失掉作为男人最基础、最感兴趣的性欲望，否则女人的这些举止行为便可称之为“视觉上的败性行为”。

走进婚姻并不意味着放弃对美的追求，每个女人都具有性感的天赋，一个真正性感的女人能带给男人视觉和精神上的刺激和愉悦。按照弗洛伊德的“泛性论”，性欲是一个人最大的内在驱动力，是一切人类活动的动力，它是一种本能。性能量驱动着一个人去面对世界，生活、学习、工作、恋爱和婚姻都离不开这股力量。

这股力量无论对男人，还是对女人都会产生强大效应，特别是对于立足于现实世界的女人来说，周身散发出的性魅力就如同一方可以无限“复活”的神药，将智慧、善良、学识这些品质一并催生，从而成就一个完整、极具生命力的女人。性感是一个女人的文化气质、身材相貌，或穿着打扮，抑或言谈举止，唤醒他人感性意识认知的魅力美。女人只要懂得如何掌控男人性爱视觉神经的刺激和反应，就能更好地展现出妖娆与性感的一面，无惧岁月荏苒，日益散发出高贵而永不流失的气质，吸引他的目光，为自己的婚姻增添一抹最撩拨人心的“性福感”。

How to Change Your Husband in 30 Days

改丨变丨秘丨籍

男人要关注和满足女人在性爱方面的内心情感，女人也要关注和满足男人在性爱方面的外在愉悦。其实女人改变自己的外在，比男人改变内心要相对简单易行。只要女人内心真正想将自己打造成内心智慧和外在妖娆于一体的性感女人，就能够抓住并撩拨丈夫那颗因性爱视觉而起的愉悦躁动之心。

第30天：调情是婚姻的甜点

改变焦点：

目标：对婚姻没有激情的丈夫

原因：婚后激情不在，缺乏生活的浪漫

焦虑：长期缺乏激情导致淡漠

歧途：认为老夫老妻不必调情

真相：在婚姻中适当调情有助保持新鲜感

调情，其实就是制造情趣，却向来是中国人感到难以启齿的字眼，内敛含蓄的个性使我们把热情埋藏在心底，只有“举案齐眉”“相敬如宾”才被尊为夫妻相处的典范。

科学家通过研究发现，女人具有一种男性缺乏的“社交基因”，她们敏感细腻，能够迅速理解他人行为的含义，并据此做出相应的反应。

和男人调情时肢体语言不可少。明明在他怀里，却一边撒娇一边要他抱抱你；明明耳鬓厮磨，却咬着他的耳垂轻声细语告诉他：我是你的唯一。这样的“小动作”对于刺激情爱的作用非同小可。

比肢体语言更让男人着迷的是女人温言软语的情话，即所谓精神调情。

为什么热恋时女人的一个温柔眼神都会让男人回味无穷？当你与一个异性产生一见钟情的感觉，其实就是精神调情的结果，而且这种调情比肉体上的调情产生的磁场大无数倍。精神调情的首要一点是欣赏。

调情的言语从肯定开始，谁都喜欢甜言蜜语，真诚的赞美尤其动听。如果实在拙于言语，就让肢体语言流露心中的情意吧！

不妨大大方方地直视对方，或者斜眸凝睇，或频频用眼睛瞟着对方，等攫获对方的视线后，再低垂双眼，缓缓抬眼望着对方，更进一步到目光交缠，主动玩起调情的游戏。

当你欣赏一个男人时，看他的眼神一定充满魅力和柔情，这会让男人所有细胞都产生舒服、受用的感觉，继而，大脑反馈给他一个结果——他是很棒的男人。精神调情一旦发挥作用，男人就会身不由己，很快被女人的温香软玉所俘虏。

有时候女性撩撩发丝、甩甩头发、努嘴舔唇、挑起眉毛、频频点头微笑、摸着颈项胸口等小动作，都带有邀请的意味，鼓励彼此继续互动。在好感和矜持之间，有些女性会出现抱臂、弓身、双腿紧闭的防卫动作，但好感的信号却会从张开的手指、放松的肌肉中流露出来。

调情应该是婚姻性爱的最高境界，是身段、眼神、技巧的结合，是有风情而不轻浮，柔情而不矫情。想要练得一举手一投足就流露出风韵，想要眉眼神情里充满魅力，需要内涵修养来支撑，也需要岁月阅历来打磨。

调情高手也许并不需要依靠美貌，仪态语言可能是最有效的调情手段，再辅助一些精美的调情道具，就能调配出美满幸福的婚姻生活。

How to Change Your Husband in 30 Days

改|变|秘|籍

婚姻是一段极为漫长的岁月，从执子之手算起，一般要共同走过数年的时光，悠悠岁月里，真正做到相看两不厌的恐怕是少之又少。聪明的女人，应该做婚姻里的“千面女郎”，时刻注入新鲜感，偶尔展露出一点儿不同的风情，保管会让丈夫欣喜若狂，仿佛自己淘到了难得的宝贝一般。